Knaur

VERA F. BIRKENBIHL

Der persönliche Erfolg

Knaur

VERA F. BIRKENBIHL

Der persönliche Erfolg

Stärken und Talente entdecken und gezielt einsetzen

www.knaur-ratgeber.de

Inhalt

Auftakt zur 15. Auflage	6
Aufbau des Buches	8

TEIL I: Selbst-Inventur

Ihr Erfolgs-POTENZ-ial 11
   1. Erfolg 11
      Er-FOLG = die FOLGE (aus Vorangegangenem) 11
      Er-FOLG ist ein PROZESS 13
      Er-FOLG ist KUMULATIV! 13
   2. POTENZ-ial 14
      WIR UND DIE WELT (Kultur + Erziehung) 16
      EINFLÜSSE DER KULTUR 17

Das POTENZ-ial erkunden 30
   EIGEN-BEURTEILUNG – FREMD-BEURTEILUNG? 30
   Selbst-CHECK 1: Der SOKRATES-CHECK 31
      IHRE SCHWÄCHEN und STÄRKEN 32
   Einführung zu Selbst-CHECK 2 33
      Drei Kommunikations-Ebenen 33
   Selbst-CHECK 2: KOMMUNIKATION 39
   Selbst-CHECK 3: Intelligenz + Kreativität 41
      Mini-WQS zu Intelligenz (4 Fragen) 42
   Selbst-CHECK 4: m oder mm? 42
   Selbst-CHECK 5: BLAKE/MOUTONs GRID-CHECK 43
   Selbst-CHECK 6: McGREGORs X/Y 45
   Selbst-CHECK 7: männlich/weiblich? 46
   Selbst-CHECK 8: Sind Sie ein „Aspie"? 47
   Selbst-CHECK 9: GEHIRN-GERECHTES Vorgehen 50

TEIL II: Besprechung der Selbst-Inventur-CHECKs

Modul 1 – CHECK: Der SOKRATES-Check 53
   KLEINER CHECK IHRES CHECKS 53

Modul 2 – CHECK: KOMMUNIKATION 61

Modul 3 – CHECK: Intelligenz + Kreativität 65
   Intelligenz 65
      Das WESEN von INTELLIGENZ (nach Dave PERKINS) 72
   Kreativität 84
      Kreativität durchbricht Denk-Regeln 89

Modul 4 – CHECK: m oder mm? 105

Modul 5 – CHECK: BLAKE/MOUTONs GRID 108

Modul 6 – CHECK: McGREGORs X/Y 110

Modul 7 – CHECK: männlich/weiblich? 111
   Männer/Frauen – wie steht es um die Unterschiede? 114
   Praktische Konsequenzen 118
      Wahrnehmung: SEHEN UND HÖREN (1–4) 118
      PROBLEME und FRAGEN (5–7) 119
      HANDELN UND/ODER DENKEN (8+9) 120

Modul 8 – CHECK: Sind Sie ein „ASPIE"? 121
   Das Asperger-Syndrom (von Colin MUELLER) 125
      Ungewöhnliche Wahrnehmungsverarbeitung 126
      Ungewöhnliche soziale Interaktion 127
      Spezialinteressen 129

Modul 9 – CHECK: GEHIRN-GERECHTES Vorgehen 131
   Meine Schulzeit ... (einige autobiographische Notizen) 131
   Was ist denn heute anders? 141
   NEUROGENESE 143
      Die eigene NEUROGENESE ankurbeln: 5 Techniken 148

Anhang 152
   Merkblatt 1: ABC-Listen 152
   Merkblatt 2: I.Q. und Berufs-Prognose? 155
   Merkblatt 3: Jobs, die für immer verloren sind 157
   Merkblatt 4: Männer und Frauen 159
   Merkblatt 5: Martin SELIGMAN 165
   Literaturverzeichnis 168
   Stichwortverzeichnis 173

Auftakt zur 15. Auflage

Die erste Auflage dieses Buches (erschienen 1973) eroberte sich schnell einen Platz im hart umkämpften Ratgebermarkt – und das zu meinem eigenen Erstaunen, da ich damals als hier noch unbekannte Trainerin gerade aus den USA zurückgekehrt war. Allein im ersten Jahr wurde es 26 000 Mal (in drei Auflagen) verkauft und entwickelte sich danach im Taschenbuch zum „Longseller" (in weiteren 11 Auflagen). Trotzdem beschloß ich eines Tages, weitere Nachdrucke zu verhindern. Denn meine Recherchen hatten begonnen, wichtige neue Informationen zutage zu fördern. Da ich aber neue Ideen, Denk-Modelle, Strategien, Methoden etc. immer erst in Workshops und Seminaren teste, um herauszufinden, welche sich als besonders hilfreich erweisen, konnte das Buch lange nicht erscheinen. Zwar gab es in den folgenden Jahren andere Veröffentlichungen von mir (s. Rand), aber „Der persönliche Erfolg" blieb lange Zeit „vergriffen" (von einer Sonderausgabe einmal abgesehen).

*Zum Beispiel eine intensive Überarbeitung **der 36. Auflage** meines Klassikers **„Stroh im Kopf?"** (derzeit in der 46. Auflage) und 5 weitere Bücher zum Thema Lernen und Lehren sowie diverse DVD-Live-Mitschnitte von Seminaren und Vorträgen.*

Nun, es mag lange gedauert haben, aber jetzt kann ich das Werk **in völlig überarbeiteter Form** vorlegen. Es ist **de facto ein neues Buch** geworden, erfüllt jedoch **dieselbe Aufgabe** wie sein Vorgänger. Auch „Der NEUE persönliche Erfolg" bietet Ihnen Möglichkeiten zur (besseren) **Selbst-Einschätzung**. Nicht umsonst forderte die Inschrift auf dem Tempel in Delphi vor zweieinhalb Jahrtausenden: „Erkenne dich selbst".

Leider erfahren wir bei dieser Lebensaufgabe meist nur wenig Hilfe. Wer nicht das große Glück hatte, bereits im Elternhaus auf das wichtige Thema „Selbst-Erkenntnis" zu stoßen, hat schlechte Karten. Denn in der Schule lernt er in der Regel nichts darüber. Dort gibt man zwar vor, uns für das Leben zu unterweisen, bringt uns aber lieber das Wurzelziehen bei, statt uns zu zeigen, wie wir unsere Anlagen, Eigenheiten und Charaktermerkmale (einigermaßen) **kennenlernen können**. Doch nur wer sie (bis zu einem gewissen Grad) kennt, kann sich **mit ihnen** (statt gegen sie) **entwickeln**, kann sich seinen angeborenen Neigungen gemäß optimal **entfal-**

ten. Nehmen Sie den Begriff ruhig wörtlich: Ent-FALTEN (= HERAUS-falten) kann sich nur, was sich bereits im Inneren befindet! Es gilt also keinesfalls, irgendwelche Attribute des Erfolgs zu definieren und zu sagen: Nur wer sich diese aneignet oder sich ihnen gemäß verhält, wird erfolgreich sein. Im **Gegenteil.**

Es ist weit erfolgreicher, herauszufinden, wie die Natur uns angelegt hat, und diese eigenen Anlagen dann systematisch zu fördern.

Unsere Natur

Gelingt uns dies, machen Arbeit, Studium, Projekte etc. weit mehr Spaß; wir erleben also wesentlich mehr Lebens-FREUDE als Menschen, die sich darum bemühen, „erfolgreich" zu werden, ohne ihre Anlagen zu respektieren. Darüber hinaus werden wir, wenn wir uns im Einklang mit unserer Natur befinden, wesentlich besser mit Streß-Situationen fertig als Menschen, die ständig gegen ihre Natur kämpfen. Es ist für mich immer wieder interessant, festzustellen, daß Menschen, die nie gelernt haben, ihre Anlagen zu identifizieren, beim Coaching regelmäßig mit großer Erleichterung reagieren, wenn sie endlich erfahren, warum sie sich in gewissen Situationen unbehaglich bis akut unwohl fühlen – und daß sich das ändern läßt. In diesem Zusammenhang taucht natürlich die berechtigte Frage auf, welche unserer Anlagen angeboren und welche erworben sind. Es gilt nämlich: **Erworbene Anlagen können verändert werden, angeborene nicht.**  Wir werden nur kreuzunglücklich, wenn wir es versuchen.

Beispiel: Für eine Person, die sehr gern mit Menschen zu tun hat, wäre z. B. ein Job, bei dem sie ständig allein in einem Mini-Büro an einem PC sitzen muß, mit ständigem Streß verbunden. Und umgekehrt: Jemand, der am liebsten allein und selbstbestimmt arbeitet, würde akuten Streß erleiden, wenn man ihn andauernd zwingen würde, mit anderen zu kommunizieren (egal, ob dies KollegInnen oder KundInnen sind). Ebenso schlimm wäre es, wenn er zwar ein abgeschlossenes Mini-Büro hätte, man ihn aber zwingt, regelmäßig das Telefon für einen Kollegen (der viele Termine außer Haus wahrnimmt) zu übernehmen. Dabei WERTEN wir nicht, weder benoch **verurteilen** wir. Es ist weder „gut" noch „schlecht", so oder anders **veranlagt** zu sein. Und doch „passt" eine Veranlagung zu bestimmten Situationen besser als zu anderen. Eine medizinisch-technische Assistentin (MTA) in einer Arztpraxis **MUSS Menschen mögen**, denn Patienten sind durch Ängste und/oder lange Wartezeiten schon genervt genug, ehe die Behandlung überhaupt beginnt; sie BRAUCHEN einen Mitmenschen, der Menschen **mag**. Im Gegensatz dazu gibt es „Einzelgänger", z. B. Wissenschaftler oder Programmierer, deren Fähigkeit, viele Stunden am Stück **hochkonzentriert arbeiten zu können**, eine **Stärke** ist, die sehr kommunikationsfreudige Mitmenschen selten teilen. Dafür können diese in Gesprächen, Konferenzen, Meetings etc. viele Stunden am Stück **hochkonzentriert kommunizieren**, was für die „Einzelgänger" akuten Streß bedeuten würde. Es geht also nicht um „gut" oder „schlecht" sondern darum, herauszufinden, was für uns selbst „gut" ist, weil wir dann sowohl unsere beste Leistung erbringen als auch am meisten Freude dabei erleben. Wenn wir bedenken, daß bis zu 80% aller MitarbeiterInnen darüber klagen, daß ihnen die Arbeit nur selten wirklich Spaß macht, dann können wir davon ausgehen, daß nur wenige Menschen gelernt haben, wo sie ihre Stärken am besten entfalten können.

Aufbau des Buches

Selbst-Inventur (Seite 30 bis 52)

Hier lernen Sie sich anhand einer Reihe von Mini-Tests selbst (besser) einzuschätzen. Sie werden feststellen: Wenn Sie einer Frage zu Ihrem WESEN begegnen, dann taucht die Antwort (wie Sie selbst „gelagert" sind) ziemlich schnell aus Ihrem Inneren auf – im Gegensatz zu sogenannten Psycho-Tests in Illustrierten, bei denen Sie eine Test-Batterie von Fragen beantworten müssen, ehe Sie mittels einer Punktzahl erfahren, wie Sie angeblich „gestrickt" sind. Auch ich bastelte vor drei Jahrzehnten solche Tests, weil ich damals noch nicht wußte, was ich heute weiß (dies ist einer der Unterschiede zwischen der früheren und der NEUEN Selbst-Inventur dieses Buches). Bitte gehen Sie ALLE SELBST-CHECKS durch, ehe Sie weiter hinten „herumlesen". Nur so können Sie Fragen (offen und vom späteren Text unbeeinflußt) begegnen. Dieser erste Teil besteht aus

- **Kapitel 1: Ihr Erfolgs-POTENZ-ial** (und dessen Entwicklung) plus
- **Kapitel 2: Das POTENZ-ial erkunden.**

TEIL I

Wer andere Bücher von mir kennt, weiß inzwischen: Sogenannte **KAPITEL** sind **linear** zu lesen, also in der Reihenfolge, in der sie im Buch stehen, sogenannte **MODULE** hingegen können in **frei gewählter Reihenfolge** (modular) angegangen werden. In diesem Buch ist nur Teil I linear zu lesen.

Module 1 bis 9 (Seite 53 bis 151)

TEIL II

Diesen Teil können Sie gern linear lesen (der Reihenfolge liegt natürlich eine gewisse Planung zugrunde), aber wenn bestimmte Aspekte Sie besonders interessieren, dann „springen" Sie ruhig. Falls ein anderer Abschnitt wichtig ist, werden **Querverweise** (mit Seitenzahl) Sie dorthin führen, so daß Sie Zusammenhänge gut erkennen können. In einem Fall erhalten Sie am Anfang eines Moduls den klaren Hinweis, daß ein anderes vorab zu lesen sei (aber das kann hier noch nicht verraten werden, damit Sie völlig unbeeinflußt zu Teil I gehen können).

Anhang (Seite 152 bis 175)

Hier befinden sich, wie auch in vielen anderen meiner Bücher, sogenannte **MERKBLÄTTER** (einst eine Erfindung meines Vaters, dessen Standardwerk „Train the Trainer" auch heute noch Maßstäbe setzt). Einige Merkblätter enthalten vertiefende **Zusatzinformationen** zum Text, die Sie **zur Kenntnis nehmen** oder **auslassen** können. Manche enthalten Infos, die Sie vielleicht aus einem meiner Bücher (oder DVD-Live-Mitschnitten) kennen (wie das Merkblatt zur ABC-Liste in diesem Buch, Seite 152ff.). Diese plaziere ich gern „hinten", damit jene LeserInnen, die sie konsultieren **wollen**, dies tun können, ohne daß andere, die sie schon kennen, sie (im Haupttext) überblättern müssen. So kann ich **Überschneidungen** in meinen Büchern **weitgehend vermeiden** und trotzdem auch neuen LeserInnen alle nötigen Infos bieten.

Außerdem enthält der Anhang (wie immer) ein **Stichwort-Verzeichnis**, mit dessen Hilfe man gewisse Textstellen (wieder) suchen kann, und ein **Literatur-Verzeichnis**.

Ich wünsche Ihnen viel Ent-DECK-erfreude (wollen Sie einige „Deckel" heben?).

Vera F. Birkenbihl zur 15. Auflage (2007) nach langer Pause...

Ihr Erfolgs-POTENZ-ial

Sehen wir uns die beiden Teile des Begriffes einmal an: **Erfolg** und **POTENZ-ial**.

1. Erfolg

Beginnen wir mit dem Begriff ERFOLG. Was meinen wir, wenn wir über unseren persönlichen Erfolg nachdenken, bzw. was sollten wir berücksichtigen, wenn wir nicht auf leere Versprechungen hereinfallen wollen? Ich möchte Ihnen drei Gedanken anbieten, die mir in meinem Leben immens geholfen haben:

Er-FOLG = die FOLGE (aus Vorangegangenem)

① Er-FOLG

Wir könnten auch sagen: **Er-FOLG = ERNTE** (nach der Saat). Wie René EGLI (in seinem Buch „Das LoLa-Prinzip") so schön aufzeigt, wäre kein Bauer so dumm, Weizen zu säen und sich zur Erntezeit dann darüber zu beschweren, daß er keinen Roggen ernten kann. Aber genau das tun viele Leute, oft ihr Leben lang. In der Jugend wollen sie schnell Geld verdienen, statt einige Jahre in ein Studium zu investieren – also säen sie Weizen. So gewinnen sie kurzfristig, haben aber in 15 Jahren weniger Chancen. Das ist ok, aber dann sollten sie auch dazu stehen, statt später zu jammern und andere zu beneiden, die damals Roggen gesät haben. Außerdem kann man auch ohne Studium hinzulernen, selbst wenn man sich selbst gar nicht als „kopfert" sieht. Ich habe z. B. ein Lese-Programm für Menschen entwickelt, die eigentlich keine Lust auf Lesen haben. Dieses Programm möchte ich z. B. Eltern ans Herz legen, die ihren Kindern sonst zu viel Bildungs-FEINDLICHKEIT vorleben (vgl. mein Büchlein „Eltern-Nachhilfe"). Dabei geht es mir erstens darum, daß wir regelmäßiges Lesen VORLEBEN, und zweitens will ich zeigen, was passiert, wenn man etwas regelmäßig praktiziert. Wenn Sie 10 Minuten pro Tag in Ihr zukünftiges erweitertes Wissen investieren (z. B. in einem Bereich, der beruflich von Interesse für Sie ist) und in dieser Zeit eine Seite schaffen (gemütliches Lesen), dann sind das in einem Monat ca. 30 Seiten, in einem Jahr 365, in 10 Jahren 3 650 und in 20 Jahren über 7 300 Seiten. Überlegen Sie einmal, was Sie an zusätzlichem WISSEN ernten werden, denn alle (Wissens-)Lernkurven sind exponentiell.

Sie steigt erst ganz unmerklich an (nach dem Motto „Aller Anfang ist schwer"), verläuft dann aber ab einem bestimmten Punkt sehr steil. Ab jetzt verändern sich ihre Werte „geometrisch" oder „exponentiell".

Wenn wir also irgend etwas lernen, sei dies eine **Tätigkeit** (durch TRAINING) oder **Wissen** (durch herkömmliches LERNEN), dann mag es am Anfang mühselig sein. Aber wenn wir weitermachen, wird jede **Lernkurve (für Wissen)** exponentiell. Deshalb sind Programme, die uns nur 10 Minuten pro Tag abfordern, so ER-FOLG-REICH, das heißt so REICH an FOLGEN, wenn wir später zu ERNTEN beginnen. Die **Lernkurven für Tätigkeiten** verlaufen etwas anders – sie werden nicht exponentiell, sondern „springen" auf ein immer höheres Niveau: Erst ist man froh, wenn man auf dem Klavier erste Etüden spielen (bzw. „Alle meine Entchen" singen) kann, später üben wir „Für Elise" (oder singen Melodien von weit höherem Schwierigkeitsgrad). Die Frage ist: **Was wollen Sie in 15 oder 25 Jahren ERNTEN?** Wenn Sie das wissen, dann überlegen Sie sich (vielleicht auch mit FreundInnen Ihres Vertrauens), was Sie heute säen müssen, um genau „das" später ernten zu können.

„Du bist heute, was du gestern gedacht hast."

Denken Sie an die alte BUDDHA-Weisheit (s. Rand), die besagt, dass wir HEUTE der Mensch sind, den wir GESTERN selbst gesät haben.

---

* Nach George LEONARD „Der längere Atem".

Das heißt nichts anderes, als daß die Investition für unsere heutige Ernte in der Vergangenheit liegt. Aber es bedeutet auch, daß wir MORGEN ernten werden, was wir **ab heute** säen. Deshalb kann man IMMER einen NEU-ANFANG machen.

Er-FOLG ist ein PROZESS   ② Prozeß

Die Metapher vom Säen impliziert mehr, als nur Samen in die Erde zu „werfen" und auf die FOLGE, den Er-FOLG, zu **warten**. Wir müssen den Boden VORBEREITEN (bei manchen Samen mehr als bei anderen) und ihn PFLEGEN. Deshalb weise ich meine Seminar-TeilnehmerInnen und meine Coaching-KlientInnen seit Jahrzehnten darauf hin, daß es **keinen Erfolg über Nacht** gibt. Ein Lottogewinn kann „passieren", genau wie ein Schicksalsschlag (den wir positiv oder negativ einschätzen mögen). Aber Erfolg ist eine FOLGE von vielen Schritten und somit immer ein PROZESS. Das 10-Minuten-Lese-Programm für Lese-Unwillige (s. Seite 11) ist ein gutes Beispiel dafür. Pro Tag scheint nicht viel zu geschehen, aber wie man sagt: „Es läppert sich" (oder „Kleinvieh macht auch Mist"). Und das bringt uns zum dritten Punkt.

Er-FOLG ist KUMULATIV!   ③ KUMULATIV

Falls Ihnen der Begriff „kumulativ" nicht geläufig sein sollte, denken Sie an klassische Krimis der englischen Krimi-Königin Agatha CHRISTIE; darin vergiftet regelmäßig eine Person ihr Opfer mit Arsen. Aber nicht mit einer großen Dosis, die sofort getötet hätte, sondern mit **klitzekleinen Mengen über einen längeren Zeitraum hinweg**. Hier wird eine SCHLEICHENDE Vergiftung ausgelöst, die erst nach einigen Monaten zum Tode führt, weil das Gift sich im Körper anreichert. Natürlich geht es der Person mit der Zeit immer schlechter, so daß die Ärzte meist keinen Verdacht schöpfen. Diesen langsamen Prozeß (viel Kleines ergibt am Ende eine kritische Menge) nennt man **kumulativ**. Natürlich gibt es ihn auch im Positiven: Wer ständig kleine Schritte auf ein Ziel (seines oder ihres persönlichen Erfolgs) macht, wird ebenfalls von der KUMULATION profitieren. Ob wir eine Seite pro Tag lesen, täglich 10 Minuten trainieren oder etwas lernen, das uns in einem Jahr besser machen wird und in 10 Jahren zum Experten macht – all das sind kumulative Prozesse, die weit mehr bringen als sporadische Aktivitäten mit hoher Motivation, gefolgt von vielen Monaten Leerlauf. Wenn Sie ein **Programm der kleinen Schritte** auflegen wollen, beginnen Sie mit einer Checkliste und sorgen Sie dafür, daß Sie abends immer einen Blick auf die Liste werfen und Ihr „Kreuzchen" machen. Denn es tut gut, zu sehen, daß man wieder einen kleinen Schritt in Richtung auf ein wichtiges (Teil-)Ziel gegangen ist. Das übrigens meinen die Chinesen, wenn sie darauf hinweisen, daß auch die längste Reise mit dem ersten Schritt beginnt...

2. POTENZ-ial

Nun erhebt sich die Frage, inwieweit **Ihr POTENZ-ial** sich (bisher) optimal entwickeln konnte. Wir schreiben den Begriff bewußt anders, damit wir uns immer daran erinnern, daß das **POTENZ-ial** den Begriff **POTENZ** (= MACHT oder neudeutsch POWER) enthält, die der angehende Mensch erst **entfalten** muß. GOETHE sagte bereits: „Was du ererbt von deinen Vätern hast, erwirb es, um es zu besitzen."

Diese Figur symbolisiert Ihr **POTENZ-ial** zum Zeitpunkt Ihrer Geburt – also das **POTENZ-ial**, das Ihnen in die Wiege gelegt wurde.

Wenn Sie sich optimal entwickelt hätten, dann wären Sie ein **homo** (Mensch) **sapiens** (weise) im besten Sinne des Wortes geworden: intelligent, kreativ, erfolgreich, zufrieden...

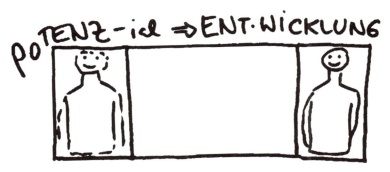

Leider kommt in der Regel etwas dazwischen. Dieses „Etwas" nennen wir **Erziehung**. Sie macht uns „normal", ist allerdings auch dafür verantwortlich, daß wir einiges verlieren. Denn jede NORM erzwingt das **Weglassen/Abschneiden** gewisser Aspekte unseres POTENZ-ials, die sich daher nie entwickeln werden, wie das nächste Bild zeigt.

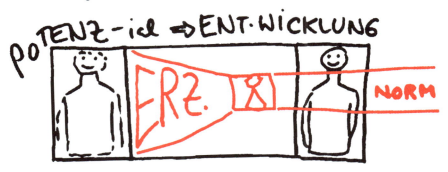

Normal heißt jedoch nicht (wie viele annehmen) „seelisch, körperlich, geistig gesund", sondern lediglich „der Norm entsprechend". Einerseits werden wir von einem angeborenen TRIEB, uns „normal" zu entwickeln, ge-TRIEB-en, andererseits bedeutet Norm nicht nur **Durchschnitt**, sondern auch **Mittelmaß**. Darauf zielt die **Erziehung** ab: Sie soll uns zur Norm hinziehen! Wie absurd einige dieser NORMEN sind, wird uns dabei gar nicht bewußt.

Ein interessantes Beispiel folgt auf Seite 20.

WIR UND DIE WELT (Kultur + Erziehung)

Wir werden mit einem gigantischen **POTENZ-ial** geboren, das um vieles größer ist als der Teil, den wir entwickeln. Zum Zeitpunkt der Geburt könnten wir uns zu einem balinesischen **Tempeltänzer** entwickeln und später extrem feine körpersprachliche Nuancen AUS-DRÜCKEN, welche die meisten Menschen nicht einmal WAHRNEHMEN können (wenn sie nicht aus diesem Kulturkreis stammen). Genauso gut könnte ein Neugeborenes sich im richtigen Umfeld zu einem **Fährtenleser** (z. B. in der Kalahari-Wüste Afrikas oder bei den australischen Aborigines) entwickeln. **Im Klartext:** Wir werden mit einer Menge POTENZ-ial geboren, aber was wir ausleben, hängt davon ab, was aktiviert wird.

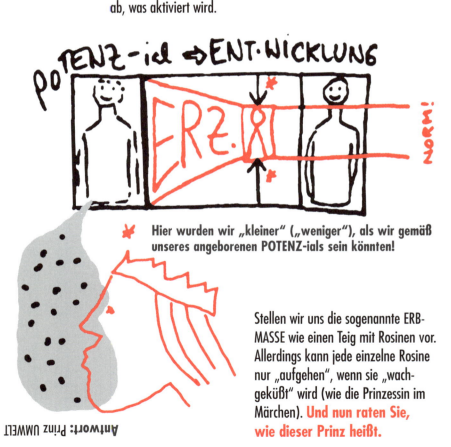

✱ Hier wurden wir „kleiner" („weniger"), als wir gemäß unseres angeborenen POTENZ-ials sein könnten!

Stellen wir uns die sogenannte ERB-MASSE wie einen Teig mit Rosinen vor. Allerdings kann jede einzelne Rosine nur „aufgehen", wenn sie „wachgeküßt" wird (wie die Prinzessin im Märchen). **Und nun raten Sie, wie dieser Prinz heißt.**

Antwort: Prinz UMWELT

Wir könnten auch sagen:

 Die Umwelt muß das **POTENZ-ial** erst **erwecken**, damit es sich **ent-falten** kann!

Somit warten Hunderte (wenn nicht gar Tausende) von „Rosinen" darauf, daß sie erweckt (aktiviert) werden und sich entfalten dürfen. Werden sie nicht geküßt, entwickelt sich dieser Teil unseres **POTENZ-ials nicht** (zumindest nicht in der Kindheit). Zwar können wir **manche** Aspekte auch **später** noch entfalten, doch einige sind unwiederbringlich verloren, wenn sie nicht in einer bestimmten Reifezeit aktiviert werden.

Diese Wechselbeziehung zwischen Umwelt und Lebewesen nennen MATURANA und VARELA (in ihrem Buch „Der Baum der Erkenntnis"): **Koppelung**.

EINFLÜSSE DER KULTUR

Kennen Sie die alte Sufi-Story (im persisch-arabischen Kulturkreis) von den **Fischen**, die herausfinden wollten, was **Wasser** ist? Sie konnten absolut nicht akzeptieren, daß alles, was sie umgibt, Wasser sein sollte. So ähnlich ist es mit der Kultur; wiewohl sie uns ständig umgibt, können wir sie kaum „wahrnehmen". Am leichtesten könnten wir den Fischen zeigen, was Wasser ist, indem wir sie in ein **fremdes** Gewässer setzen, z. B. einen Meeresfisch in Süßwasser oder einen Süßwasserfisch in Meerwasser. **Dasselbe Prinzip gilt, wenn wir uns plötzlich in einen anderen Kulturkreis begeben.** Je abrupter der Wechsel von einer Kultur in die andere, desto größer der sogenannte Kulturschock. Auf einmal dringen zahllose Aspekte (dieser Kultur) in unser Bewußtsein, sie drängen sich uns auf, sie werden „sichtbar", „hörbar", „spürbar" etc. Wir **riechen** es sogar. Kommt z. B. ein Inder, der in seinem Haus täglich Sandelholz-Räucherstäbchen am Hausaltar entzündet, in ein italienisches Apartment, dann wird ihm der Sandelholz-Geruch **fehlen**. Aber: **Was fehlt ihm noch?** Was fehlt ihm **visuell**, was kann er dort **nicht sehen**? Raten Sie:

Er sieht keine/n _____

(Sie können den Absatz gern noch einmal lesen, ich habe es Ihnen erzählt.)

Wir nehmen wahr, was wir wahrzunehmen ERWARTEN. Das gilt auch für akustische Einflüsse: In **Indien** hört man (je nach Wohnort) gewisse Geräusche, die in **Europa** fehlen. Selbst wenn ähnliche Straßenhändler ähnliche Waren vor dem Fenster ausrufen würden, würden sie unterschiedlich klingen (Tonfall, Klangmelodie der Sprache etc.)

Um aber die Frage von oben zu beantworten, ich meinte den **Hausaltar**: Wer mit dem Konzept eines Hausaltars vertraut ist, nimmt sofort wahr, wenn an einem Ort, an dem man ihn erwartet, KEINER steht bzw. wenn einer an einer Stelle auftaucht, an der man ihn nicht erwartet hätte (z. B. in einem Apartment in Italien). Wer den Hausaltar gewohnt ist, findet ihn RICHTIG. Fehlt er, dann fehlt etwas WESENTLICHES, und wir neigen dazu, Menschen, denen das (was uns fehlt) nicht fehlt, für oberflächlich (oder schlimmer) zu halten.

Carlos CASTANEDA bringt diesen Prozeß (in „Reise nach Ixtlan") auf den Punkt.

Einst traten wir in diese Welt und hatten keine Ahnung, was RICHTIG oder FALSCH, OK oder NICHT OK, WICHTIG oder UNWICHTIG ist. Aber dann kamen diese „großen Leute" und begannen, uns die Welt auf ihre Weise zu beschreiben.

Jeder Mensch, der mit einem Kind in Berührung kommt, ist ein Lehrer. Er **erklärt** dem Kind die Welt unaufhörlich, bis zu jenem folgenschweren Augenblick, da das Kind die Welt so wahrnehmen kann, wie sie ihm erklärt wurde. Jetzt wird das Kind ein **Mitglied** und es erreicht die **volle Mitgliedschaft**, wenn es in der Lage ist, all seine Wahrnehmungen so zu deuten, daß sie mit **dieser Beschreibung der Welt** übereinstimmen.

Je ähnlicher Menschen erzogen wurden (je ähnlicher ihre Beschreibung der Welt ist), desto leichter finden sie den Umgang miteinander! Deckt sich die **Beschreibung der Welt** (weitgehend) mit der unseren, dann finden wir das angenehm. Solche Menschen mögen wir. Wir finden sie sympathisch, nett, freundlich, sogar „intelligent". Aber die Regel gilt auch umgekehrt: **Je mehr das Verhalten anderer von den Erziehungsprozessen, die uns geprägt haben, abweicht, desto mehr verunsichert uns das.** Aus Verunsicherung wird schnell Ablehnung, und so lehnen wir solche Menschen ab. Wir fordern z. B., daß AUS-länder sich bei uns IN-tegrieren (also zu IN-ländern) werden, das heißt **uns ähnlicher werden** und unsere Beschreibung der Welt akzeptieren, ehe wir sie mögen.

Fazit:

Denken Sie an die Fische (Seite 17) zurück: Alles, was ihnen **nicht** auffallen würde, ist Teil ihrer Kultur (die das Wasser symbolisiert). Aber es gibt auch Aspekte unserer Erziehung, die zwar Teil unseres Kulturkreises sind, die aber genaugenommen zur nächstkleineren Kategorie gehören, zur sogenannten Sub-Kultur. Das heißt, sie werden von unserer Familie, den Nachbarn, den Lehrkräften, den sogenannten PEERS (sozial Gleichgestellten, oft Altersgenossen) etc. in uns „wachgeküßt".* So werden die Kinder von Ku-Klux-Klan-Mitgliedern zu Rassisten erzogen, die später kaum eine Chance haben, zu reflektieren, ob ihre Einstellung richtig ist. Und die Kinder von Fundamentalisten (egal, ob in der arabischen oder in der westlichen Welt) lernen andere Formen von Fanatismus, die ihren Geist genauso verschließen und keine anderen Möglichkeiten, außer den anerzogenen, zulassen.

Wären unsere Schulen wahre Orte der BILDUNG, müßten Kinder in den ersten vier Klassen so viel Anthropologie erleben (durch Filme, Diskussionen und Projekte), daß sie ein für allemal begreifen, **wie unterschiedlich kulturelle und subkulturelle Einflüsse uns prägen** und daß es deshalb nötig ist, gewisse **ethische** Richtlinien zu erarbeiten und zum Maßstab zu machen (was dann Thema der folgenden vier Klassen sein könnte).

Die Absurdität unserer Erziehung wird uns manchmal von Kabarettisten und Autoren, die es wagen, sich zum „Narren" zu machen, deutlicher vor Augen geführt als durch lange Abhandlungen. So

---

* Die Kinder von bildungs-FERNEN Familien lernen die Vorteile von Bildung zu Hause nie kennen und können demzufolge weder Interesse noch Verlangen danach in die Schule MITBRINGEN. Wenn die Schule diese Lücke nicht füllt, ist wieder eine Generation verloren (wir kommen darauf zurück, siehe Seite 21 f.).

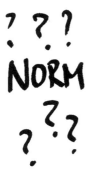

wies der amerikanische Psychiater Luke RHINEHART bereits vor Jahrzehnten in einem Roman („The Diceman") darauf hin, daß es bei uns zwar durchaus NORMAL ist, andere Menschen zu töten – z. B. durch einen „Präventiv-Krieg" (wie im Irak) oder durch die Todesstrafe –, während es als schlimm (weil abnormal) gilt, an anderen als den dafür vorgesehenen Stellen Kot oder Urin zu hinterlassen. Wer diese Regel bricht, wird gnadenlos zum Außenseiter gemacht. Wer aber Landminen verkauft und für den Tod und die Verstümmelung Abertausender von Menschen verantwortlich ist, könnte sogar einen hohen Orden (den Dank seiner Gesellschaft) umgehängt bekommen – sofern er Kot und Urin nur dort plaziert, wo man dies (laut Norm) darf.

Dieser Druck zur Normalität spielt in alle möglichen „politischen" Entscheidungen hinein, z. B. wenn wir von AUS-ländern in unserem Land erwarten, daß sie zu IN-ländern werden, indem sie unsere WERTE und VERHALTENSWEISEN übernehmen. Es ist modern, sich lautstark darüber zu erregen, daß manche dies in der dritten Generation immer noch nicht tun. Ich kenne so gut wie keine Deutschen, die Interesse an der Sprache unserer Gäste ausgedrückt hätten. Dabei muß man diese noch nicht einmal lernen, um zu begreifen, wie sehr sie sich von unserer eigenen (indo-europäischen) Sprache unterscheidet. Ein wenig Interesse würde bereits ausreichen um

a) zu erkennen, was wir da eigentlich von diesen Menschen fordern, die oft aus bildungs-FERNEN Milieus kommen und hier nur **arbeiten** wollen,

b) Verständnis für die Sprachprobleme zu entwickeln, die Einwanderer haben, wenn sie in **relativ hohem Alter** noch Deutsch lernen sollen,[*]

---

[*] Hinzu kommt, dass (falls wir Sprachkurse anbieten) der Unterricht in demselben Stil wie in der Schule stattfindet, wiewohl wir wissen, daß diese Methode kontraproduktiv ist. Wenn schon junge Menschen mit Vokabel-Pauken etc. nicht klarkommen, so kann diese Methode für Migranten aus bildungs-FERNEN Familien zweimal nicht funktionieren.

c) zu verstehen, dass es fast unmöglich ist, die Sprache eines Landes zu erlernen, wenn die Gastgeber einen gar nicht haben wollen, so daß man laufend zu Hause sitzt, wo alle die Muttersprache sprechen.

Bedenken wir außerdem, daß es zwar modern ist, Sprachkenntnisse von jenen „Fremden" zu fordern, aber gerade wir Deutschen unser Deutschtum auch im Ausland unbedingt BE- oder ERHALTEN wollen. Wir pflegen in der Regel nur **wenig Kontakt mit den Einheimischen** unserer Urlaubsländer (selbst wenn diese uns als Kellner oder Zimmermädchen begegnen). Ich kenne Deutsche, die seit Jahrzehnten im Urlaub nach Spanien (oder Italien) fahren, teilweise dort sogar eine Finca (oder ein Häuschen) besitzen und trotzdem (bis auf wenige Brocken) die Sprache ihrer Gastländer nicht sprechen. Da uns aber die Sprache **Einsicht** in Kultur, Denken etc. erlaubt (weshalb wir ja wollen, daß andere **unsere** Sprache lernen) und da wir durch den spannenden Vergleich mit unserer eigenen Sprache so manches Aha-Erlebnis erwarten können, würden selbst moderate Anstrengungen viel dazu beitragen, Brücken zu bauen.

Wie schon erwähnt, ist die **Einstellung zur Bildung** Teil unserer **Kultur**. Und um sie ist es im (einstigen) Land der Dichter und Denker schlecht bestellt. Wollen Sie Ihre körperliche Fitness verbessern, so finden Nachbarn, Freunde, Kollegen etc. das prima, besuchen Sie aber einen Vortrag oder ein Seminar oder kaufen Sie Bildung auf DVD bzw. entsprechende Bücher, dann schauen die meisten Ihrer Bekannten ein wenig komisch und fragen: „Wozu brauchst du das denn?" Wenn ich dieses Beispiel im Seminar erzähle, wird immer gelacht. Es lachen aber nur Betroffene!

Kul-tur

Hinzu kommt, daß Deutschland bei den PISA-Tests in einem Punkt immer siegt (tja, das wissen viele gar nicht), und dieser Punkt heißt **„sozio-ökomomische Distanz"**! Im Klartext: Unsere Schulen bieten Kindern aus sogenannten bildungs-FERNEN Familien nicht nur **keine** bildungs-FREUNDLICHE Kultur (die sie von zu Hause nicht kennen), sondern sorgen auch dafür, daß sie sich ständig doof vorkommen und eine Lektion besonders gut lernen: Bei uns kommst du nicht weiter, wenn du in die falsche Familie geboren wurdest. Deshalb schreitet niemand ein, wenn wir LEISTUNGSTRÄGER verunglimpfen (Streber sind tatsächlich Leute, die nach Höherem **streben** als der NORMALE Mensch!) oder sie in unserer Neid-Kultur bekämpfen, statt ihnen nachzueifern (wie das die Amerikaner oder Asiaten tun). Auch das sind Auswirkungen unserer jeweiligen KULTUR. Deshalb sollten wir die Möglichkeit, nachzudenken und gewisse Entscheidungen in unserem Leben zu verändern, ergreifen. Dieses Buch bietet Ihnen einige Denk-Anstöße dazu.

Qualität und Menge der Dinge, mit denen wir uns befassen...

Zu unserer SUBKULTUR gehört ein weiterer Aspekt, der normalerweise ebenfalls (wie das Wasser für die Fische) „unsichtbar" bleibt. Ich meine die **Qualität** und die **Menge** der Dinge, mit denen wir uns bewußt auseinandersetzen (dürfen). So befassen sich die meisten Menschen, die Sie kennen, wahrscheinlich mit extrem wenigen Themen(bereichen).

Bitte unbedingt mitmachen!

Frage 1: Welche Themen verfolgen Sie **derzeit** (beruflich wie privat) gleichzeitig (parallel)? (Bitte aufschreiben.)

Frage 2: Wie sieht es aus, wenn wir die Frage auf einen **Zeitraum von einigen Monaten** ausdehnen? Natürlich bleiben manche Themen Monate/Jahre aktuell, während andere nach kurzer Zeit wieder verschwinden. Haben Sie Notizen gemacht?

Beispiel: Bei mir taucht als Antwort u. a. die afrikanische Tüpfelhyäne auf, die (seit vielen Jahren) immer wieder KURZ (punktuell) mein Interesse weckt, wiewohl sie keinesfalls eines meiner Hauptthemen ist – ganz im Gegensatz zu dem Themenkomplex, der im weitesten Sinn mit Lernen und Lehren, inkl. Denken (analytisch/kreativ), zu tun hat und mit dem ich mich seit den 1960er Jahren immer wieder intensiv befasse (auch wenn es zwischendurch Pausen von Monaten oder auch einmal 2 Jahren gab).

Frage 3: Welches sind Ihre Haupt- und welches Ihre Nebenthemen? Nennen Sie spontan die ersten 15 bis 20. Denken Sie dabei bitte nicht nur an (intellektuelle) THEMEN, sondern auch an Verhalten (Tätigkeiten, Hobbys, Interessen, Jobs, Handlungen):

1 – 5				
6 – 10				
11 – 15				
16 – 20				

EXKURS: EINIGE AUTOBIOGRAPHISCHE NOTIZEN HIERZU

Dies ist ein Aspekt, der für mich lange „unsichtbar" war, denn in der **Subkultur meiner Kindheit** war es normal, sich gleichzeitig **mit vielen Themen zu befassen.** Manche von ihnen wurden über lange Zeiträume (oder lebenslang) verfolgt, manche nur zeitweise, aber zu jedem Zeitpunkt gab es immer mindestens 10 bis 20 faszinierende Spuren, denen man nachging. So las ich z. B. im Alter von 11 bis 13 Jahren einerseits sämtliche „Western" von Karl MAY, aber auch (parallel dazu) seine anderen Romane, von denen viele Leute gar nicht wissen, daß es sie gibt. (Was, der hat auch andere geschrieben?) Darüber hinaus studierte ich sämtliche Werke über Afrika und Asien, die ich in der Stadtbücherei finden konnte (angeblich für meine Mutter, die Kinderabteilung hatte mir nichts mehr zu bieten), weil ich damals anfing, mich für die anthropologische Art, die Welt zu sehen, zu interessieren. Auf einer anderen „Schiene" betätigte ich mich als Miniatur-Bildhauer. Statt Marmor „arbeitete" ich „in Plastilin", ich kreierte z. B. ein ganzes Orchester (jeder Musiker mit einem anderen Instrument). Das Projekt dauerte einige Wochen. Eine weitere Tätigkeit war Malen, in meinem „großen Sommer" waren es 44 Ölgemälde, von denen ich am Boulevard (am Straßenrand im Künstlerviertel) damals 40 verkaufen konnte. Aber ich machte auch Linolschnitte... Daneben hatte ich immer irgendwelche Jobs, seit ich 9 Jahre alt war: Meine Freundinnen und ich trugen alten Damen die Einkaufstaschen und Netze heim (das

EXKURS etwas Auto-bio-gra-phie

war viele Jahre bevor die Plastiktüten aufkamen), in der Hoffnung auf ein kleines Trinkgeld. Ich war auch Balljunge in einem Tennisclub, half beim Zeitungaustragen und in den Läden der Nachbarschaft, arbeitete stundenweise in einem Lager, in einer Bäckerei, als „Biermädchen", Bedienung etc. Seit ich 13 war, hatte ich fast immer erwachsene Sprachschüler. Ausländer, denen man tagsüber einen Dolmetscher zur Seite stellte, ohne sich darum zu kümmern, wie sie abends oder an den Wochenenden klarkamen. Auch diesen Halbjahresgästen bot niemand einen Deutschkurs an, weshalb sie dann (via Mundwerbung) bei mir landeten. In den 7 Jahren in Amerika jobbte ich u. a. als technische Zeichnerin, als Schaufenster-Dekorateur, machte Lernexperimente mit Laborratten und vieles mehr. Ich erwähne all dies nur, um zu zeigen, daß ein Mensch weit vielseitiger sein kann, als die meisten glauben. Jeder Job er-WEITerte meinen Horizont und diente immer auch meiner Ausbildung.

Es war bezeichnend, daß sich in meiner Familie niemand darüber wunderte, wie „vielseitig" ich mich entwickelte, denn bei uns war das NORMAL (das heißt der Norm entsprechend). Allerdings mußte ich im Laufe der Zeit feststellen: Je weiter ich mich von zu Hause wegbewegte, desto häufiger begegnete ich Menschen, die mich in ihre viel engere Welt nicht einordnen konnten. Manche stellten erstaunte Fragen (Wie kann man sich mit so vielen Themen gleichzeitig befassen?), und manche griffen mich deswegen sogar an (Die spinnt ja!). Nur höchst selten traf ich jemanden, der ähnlich vielseitig „gelagert" war wie die Menschen in meiner Kindheit. Einigen von ihnen begegnete ich real, manchen durch ihre Werke. So fühle ich mich z. B. dem amerikanischen Wissenschaftler und Autor Isaac ASIMOV sehr verbunden. Er schrieb über 350 hervorragende Bücher, ca. die Hälfte davon über „harte" (natur-)wissenschaftliche Themen (von Physik über Chemie und Biologie bis hin zu Mathematik und Astronomie). Die andere Hälfte seines immensen schriftstellerischen Outputs war sf (Science-Fiction), wobei er in der „sachlichen" Sparte ebenso viele Preise für seine Artikel und Bücher bekam wie im belletristischen Bereich für seine Kurzgeschichten und Romane. Auch seine sf-Romane waren flexibel (übrigens wurde der Androide DATA in StarTrek von Asimov **erdacht**).

Interessanterweise sind viele sogenante Kreative (die wir gern als genial bezeichnen) **doppelt vielseitig**: Einerseits **schaffen** sie viel mehr als „normale" Mitmenschen, andererseits **befassen** sie sich auch mit vielen Dingen und Themen. Mozart beispielsweise liebte Sprachspiele, Kartenspiele (die dem Gedächtnis einiges abverlangen) und sogenannte Gesellschaftsspiele (die das logische Denken oder das Wissen fordern und fördern). Viele große Pianisten spielten (nach Ellen LANGER) mindestens ein zweites Instrument, das dem Körper andere Bewegungsabläufe abforderte (bei der ORGEL die Fußarbeit, bei der GEIGE die völlig andere Fingerfertigkeit). Außerdem spielten sie oft dieselben Stücke auf verschiedenen Instrumenten und lernten durch diesen Wechsel so manche Aspekte des Stückes kennen, die sie ansonsten niemals wahrgenommen hätten.

sf lesen!

Solche Menschen entwickeln weit mehr „Rosinen" ihres POTENZ-ials und entfalten demzufolge einen weit größeren Teil ihres menschlichen Spektrums. Als Bill GATES seine LEONARDO-Skizzen an Museen weltweit verlieh, veranstaltete man in allen Städten auch Vorträge mit lokalen Rednern. In München hatte ich die Ehre, den Reigen zu eröffnen. Dabei stellte ich zu meiner Verwunderung fest, wie viele Berufe Leonardo da VINCI ausfüllte (viele davon gleichzeitig bzw. parallel). Das folgende ABC zeigt dies:

Quelle: „Das Birkenbihl Alpha-Buch"

26 Der persönliche Erfolg

Er war auch:	A –	Architekt, Anatom
	B –	Bildhauer, Baumeister, Biologe
	C –	Choreograph (für Theater-/Tanzaufführungen), Chronist
Dandy (er war sehr modebewußt)	D –	Dressman
	E –	Entdecker, Erfinder
	F –	Forscher
Genie	G –	Geologe
	H –	Höhlenforscher
	I –	Ingenieur
Journalschreiber	J –	
	K –	Konstrukteur, Künstler, Kriegsberater
	L –	Lautenspieler
	M –	Maler, Mathematiker, Musiker, Militärstrategie-Spezialist
	N –	Neurologe, Naturwissenschaftler
Original, Opinionleader	O –	Opern-Intendant
	P –	Pathologe, Physiker, Physiologe
Querdenker	Q –	
Reiter	R –	Rätselautor
	S –	Schriftsteller, Städteplaner
	T –	Technischer Zeichner und Theater-Intendant
Unterhalter	U –	
Visionär (im Sinne von prophetisch)	V –	
	W –	Waffenexperte, Waffenerfinder, Wissenschaftler
	X –	Xylograph (Holzschnitzer)
	Z –	Zeichner, Zoologe

Er war jederzeit bereit, sich auf NEUES einzulassen, während die meisten Menschen Neuem regelrecht aus dem Weg gehen. Sie fühlen sich mit Vertrautem und Bekanntem am wohlsten. Das beginnt beim Essen („Was der Bauer nicht kennt, frißt er nicht"), geht über den Medien-Konsum (deshalb lieben die Leute Serien mit immer denselben Personen in der vertrauten Rahmenhandlung) und endet beim Sozialleben noch lange nicht. Man „hat" seinen Freundeskreis. Statt den Kontakt zu Menschen aus anderen Kulturkreisen zu suchen (pardon, das sind ja Ausländer), hockt man regelmäßig mit Leuten zusammen, deren Reaktionen man prognostizieren kann, und führt Tätigkeiten aus, die man im Schlaf beherrscht. Dabei wird natürlich ab und zu auch etwas „Neues" gelernt, z. B. das Rezept für eine neue Barbecue-Sauce.

Klingt das hart oder unfair? Dann reflektieren Sie einmal den folgenden Gedankengang von Robert H. HEINLEIN (aus: „The Notebooks of Lazarus Lang"). Fragen Sie sich:

Heinlein 1

- Sind Sie ein **spezialisiertes** Mitglied einer spezialisierten Gesellschaft?
- Warum glauben wir, die **materiellen** Aspekte unseres Lebens seien die **einzig** wichtigen?
- **Wer** hat uns das eingeredet?
- Können wir diesen Einflüsterungen aus der **Vergangenheit** angesichts unserer normalen Gegenwart entgehen?
- Wann haben Sie das letzte Mal etwas **für Sie völlig Neues ausprobiert**?
- Wie viele der von HEINLEIN (s. Seite 28) aufgezählten Tätigkeiten haben Sie **jemals** versucht?
- Wie viele Dinge, mit denen Sie sich **täglich** befassen, sind **Routine**?
- Wie viele dienen **ausschließlich** materialistischen Zielen?
- Sind Ihre **Prioritäten** ganz oder vorwiegend „praktisch" und/oder „beruflich notwendig"?

Mein Vorschlag: **Lesen Sie die** folgende **Aufzählung** von Robert H. HEINLEIN, und suchen Sie sich **eine** Tätigkeit heraus, von der Sie bis jetzt **keine Ahnung** haben. Lernen Sie zumindest, worum (oder wie) es geht, selbst wenn Sie kein „Schwein schlachten" oder (noch) nicht „tapfer sterben" wollen. Fragen Sie sich: Worum geht es, und worauf muß man achten?

Heinlein 2

Finden Sie im Laufe der nächsten Wochen soviel wie möglich über Ihr neues Thema bzw. die neue Tätigkeit heraus. Sprechen Sie mit Menschen, die „es" bereits (regelmäßig, professionell, hobbymäßig) tun. Lesen Sie darüber, denken Sie darüber nach und erstellen Sie ein Wissens-Alphabet dazu (vgl. Merkblatt ABC, Seite 152).

Stellen Sie sich vor, Sie würden „es" tun, oder tun Sie es tatsächlich. Überzeugen Sie sich davon, wie spannend es sein kann. **Damit erweitern Sie Ihren geistigen Horizont und stärken Ihr Selbstwertgefühl**, weil jede **Verbesserung** sich immer (quasi als Nebeneffekt) auch positiv auf den Selbst-Wert auswirkt! Das ist zwar nur „Sahne auf dem Kuchen", aber trotzdem angenehm... **Merke:** Die beste Zeit anzufangen ist **jetzt**. Robert H. HEINLEIN vertrat die Meinung: **Ein menschliches Wesen sollte eigentlich in der Lage sein,**

- eine **Windel** zu wechseln,
- eine **Invasion** zu planen,
- ein Schwein zu **schlachten**,
- ein **Schiff** zu steuern,
- ein **Gebäude** zu planen,
- ein **Sonett** zu schreiben,
- **Konten** abzuschließen (Buchführung),
- eine **Mauer** zu bauen,
- einen gebrochenen **Knochen zu richten**,
- die **Sterbenden zu trösten**,
- **Befehle** anzunehmen (und) zu geben,
- **zusammenzuarbeiten**,
- **allein** tätig zu werden,
- **Gleichungen** zu lösen,
- ein neues **Problem** zu analysieren,
- **Mist** zu gabeln,
- einen **Computer** zu programmieren,
- ein schmackhaftes **Mahl** zuzubereiten,
- wirkungsvoll zu **kämpfen** und
- tapfer zu **sterben**.

HEINLEIN endet mit: „PS: Spezialisierung taugt (besonders) für Insekten!"

FAZIT:
Denken Sie darüber nach, wie viele Möglichkeiten Ihnen Ihre bisherige Umwelt angeboten hat und ob Sie diese er-WEIT-ern wollen. Gott sei Dank können wir uns ein Leben lang neu orientieren und uns für neue Gebiete des Wissens oder Handelns interessieren.

1. Wann haben Sie zum letzten Mal **gemalt, gebastelt, gebacken, gesungen**?
2. Welche Formen der **Handarbeit** könnten Sie (zumindest beim Fernsehen) wieder aufgreifen oder neu anfangen? Es muß ja nicht immer Stricken sein. Was halten Sie z. B. von Häkeln mit einer tunesischen Häkelnadel? Oder von Origami? Oder von Kalligraphie?
3. Warum haben Sie nie gelernt, ein **Instrument** zu spielen, bzw. warum haben Sie damit aufgehört? Wie wäre es, jetzt erstmals oder wieder damit zu beginnen? Mit modernen Keyboards (gebraucht schon sehr billig zu bekommen) kann man sich den Rhythmus und die Akkorde „machen" lassen und man kann auch mit Kopfhörer üben (und keiner hört uns, im Gegensatz zu einst, als man nie heimlich Klavier üben konnte). Es spricht nichts dagegen und vieles dafür.
4. Gibt es andere Techniken, die Sie früher ausprobiert haben? Haben Sie einmal mit Kartoffeln gedruckt (z. B. auf Stoff)? Oder einen Linolschnitt gemacht? Haben Sie einst mit „Salzteig" gebastelt? Man kann wunderbare kleine Plastiken „bildhauern" und die gelungenen anschließend im Herd bei geringer Hitze aushärten lassen und dann bemalen... Reizt Sie das nicht?
5. Wann haben Sie zum letzten Mal ein für Sie völlig neues **Wissensgebiet** erforscht? <mark>Warum nicht jeden Monat ein nagelneues Thema aufgreifen</mark> und zumindest einen Monat lang verfolgen? Und wenn es nur einige Minuten pro Tag sind; Sie werden sehen: Es „läppert sich"! Schon bei einem Thema pro Monat wären es nach einem Jahr 12 Themen und in 10 Jahren 120 Themen (mit denen Sie sich sonst **nicht** befaßt hätten). Ihr Geist ist nur so eng, wie Sie es wünschen!

Das POTENZ-ial erkunden

Bitte **Schreibzeug** griffbereit legen (Stifte und Papier).

Kennen Sie die Technik des **Nachdenkens mittels ABC-Listen** schon?* Wenn Sie merken, daß ein Absatz in Ihnen eine Menge Gedanken auslöst, dann könnten Sie kurz innehalten und ein ABC dazu anlegen. Schreiben Sie an den Rand „ABC", um sich daran zu erinnern, daß es zu diesem Abschnitt eine ABC-Liste gibt. Auf dieser notieren Sie Titel und Seitenzahl (z. B. „Pers. Erfolg", Seite xx). So wissen Sie später, daß Sie zu dieser Textstelle ein ABC angelegt haben bzw. worauf sich dieses bezieht, wenn Sie die Liste ansehen.

EIGEN-BEURTEILUNG – FREMD-BEURTEILUNG?

Bei allen Selbst-Inventuren gilt: Schätzen Sie sich erst selbst ein – dann holen Sie sich (wenn Sie mutig sind) Fremdurteile ein und vergleichen diese mit Ihren eigenen.

Im Seminar kann man das gut beobachten, wenn ein Partner (z. B. er) sein Kreuzchen macht und der andere Partner (z. B. sie) dann hinüberschaut und mit dem Kopf zu wackeln beginnt...

Wer verheiratet (oder „verpartnert") ist oder wer einen Lebens-(abschnitts-)partner hat, der kann sich auch vom anderen einschätzen lassen. Dabei rate ich Ihnen zu folgendem Procedere:

1. Einige Tage lang **Selbst-Einschätzung**, bis Sie beginnen, sich daran zu gewöhnen.
2. Wenn irgend möglich: **Fremd-Einschätzung** (von mindestens 8 Personen). Optimal sind Menschen, die Sie schon lange kennen, also Familie, gute FreundInnen, „alte" NachbarInnen, KollegInnen etc. Übertragen Sie dann alle „Punkte" in ein Diagramm (alle Selbst-CHECKs in diesem Buch bieten einfache Diagramme), damit Sie sehen, wo sich die „Punkte" häufen. Gibt es einen ein-

---

* Diese Technik ist besonders geeignet, wenn wir **kurz** über etwas nachdenken und trotzdem „fette Beute" machen wollen. Da sie vielen meiner LeserInnen bereits bekannt ist und ich Überschneidungen in meinen Büchern weitgehend vermeiden möchte, lade ich alle, für die diese Technik neu ist, ein, Merkblatt 1 (Seite 152ff.) zu Rate zu ziehen. Dann können Sie sie gleich beim Durcharbeiten dieses Buches üben (alle anderen legen solche Listen ja bereits automatisch an...).

zelnen, der stark von den anderen abweicht, so lassen Sie ihn ruhig außer acht. Entsprechen jedoch viele Punkte NICHT Ihrer Selbst-Einschätzung, dann reden Sie mit Ihren Freunden darüber. Ihr/e PartnerIn tut dasselbe mit seinen/ihren Leuten.
3. Dann folgt die **gegenseitige Partner-Einschätzung**: Holen Sie die Beurteilung des jeweils anderen ein, und tauschen Sie sich aus. Sollte es zu größeren Abweichungen kommen, ziehen Sie die Fremd-Einschätzungen (der Freunde) hinzu und vergleichen Sie.

Achtung: Dabei kommen meist hochinteressante Gespräche zustande, doch manche erfahren bei dieser Gelegenheit, daß sie und ihr/e (derzeitige/r) PartnerIn mehr oder weniger harmonieren, als sie vielleicht gedacht hätten. Auch das kann hilfreich sein...

Selbst-CHECK 1: Der SOKRATES-CHECK

Erkennen Sie diesen Ausspruch des berühmten griechischen Philosophen SOKRATES?

Wer _____, daß er nicht _____, _____ mehr als der, der nicht _____, daß er nicht _____.

Können Sie die Lücken ergänzen? Kleine Hilfestellung: Jede Lücke steht für dasselbe Wort, welches in dem Zitat fünfmal enthalten ist.

Bitte: Alle Selbst-CHECKS durchführen, da Sie in Teil II (Module) erfahren, was Ihre Antworten für Sie bedeuten.

Lösung

Wer weiß, daß er nicht weiß, weiß mehr als der, der nicht weiß, daß er nicht weiß.

Ich begegnete diesem Satz erstmals, als ich ca. 11 Jahre alt war. Ein langes Gespräch mit meinem Onkel Werner half mir, diese großartige Weisheit zu verstehen. Wie oft reden wir einfach drauflos, vor allem dann, wenn wir antworten, ohne zu merken, daß wir eigentlich ziemlich wenig über die Sache wissen. Achten Sie einmal darauf: Je häufiger und länger die „Ääääääh" im Gespräch, desto unklarer

100 %

0 %

ist dem Redner, wovon er spricht. Er muß seine Gedanken erst **erzeugen**, weil er sie nicht flüssig **abrufen** kann. Ich nenne das Gegenteil den **Stadt-Land-Fluß-Effekt**. (Wer oft Stadt-Land-Fluß spielt, hat viele Städte, Länder, Flüsse „auf Abruf" parat, die flüssig aufgezählt werden können.) Nun kennen wir in der Regel die beiden Extreme dieses Spektrums genau: Wir wissen, wenn wir extrem viel zu einem Thema wissen, und wir wissen, wenn wir **absolut nichts** wissen. Aber **dazwischen** wissen wir meist nicht genau, wieviel wir wissen oder nicht wissen.

Alles Gesagte gilt übrigens für **Wissen** (Kenntnisse) genauso wie für **Tätigkeiten** (Können). Deshalb hilft uns der SOKRATES-CHECK, sowohl unsere (theoretischen) **Kenntnisse** als auch unsere **Fertigkeiten** (praktische Kompetenzen) einschätzen zu lernen.

Wir benutzen dazu eine Skala von 0 bis 100 (100 steht für Perfektion). Wir können sie waagerecht oder senkrecht anlegen, aber den meisten Menschen fällt es leichter, senkrecht zu denken (oben = gut, 100%, „top" etc.).

IHRE SCHWÄCHEN und STÄRKEN

Legen Sie vor dem Lesen der Besprechung (später) mindestens 5 SOKRATES-CHECKs zu Tätigkeiten an, die Sie häufig ausführen und zu 5 Themen, über die Sie einiges wissen (sollten).

Beginnen wir mit einem einfachen Beispiel: Wie gut sind Sie im **Kaffeekochen**? (Wir meinen jetzt nicht: Kaffeemaschine füllen und Knopf drücken, sondern heißes Wasser aufsetzen und brühen.) Wie gut sind Sie? Machen Sie ein entsprechendes Kreuzchen auf dem Spektrum (Wie nah an 100% kommen Sie heran?) und beschriften Sie es („Kaffeekochen"). Jetzt haben Sie eine **Fertigkeit** eingeschätzt.

Frage ich Sie hingegen „Was wissen Sie über Autismus?", **dann sprechen wir nicht von einer Fertigkeit, sondern von Wissen. Dann sagt Ihr Kreuz etwas darüber aus, was Sie wissen.** Bitte kreuzen Sie nun an, wieviel Sie zum Thema „AUTISMUS" wissen, und beschriften Sie auch dieses Kreuzchen. So funktioniert der SOKRATES-CHECK.

Einführung zu Selbst-CHECK 2

Selbst-CHECK 2 basiert auf einem wichtigen Denk-Modell zur Kommunikation. Auch wenn Sie glauben, es schon zu kennen, lesen Sie bitte trotzdem weiter. **Erstens**, weil meine Darstellung von der anderer Autoren abweichen kann, und **zweitens**, weil meine heutige Schilderung von meiner früheren abweicht (da auch ich dazulerne). Ich erlebe immer wieder, daß jemand ein Buch von mir „herumliegen hat", das ich vor dreieinhalb Jahrzehnten geschrieben habe (und das seit 15 Jahren vergriffen ist), und denkt, es spiegle auch meine heutige Position wider. Der Schwerpunkt meiner Arbeit liegt (seit den 1960er Jahren) auf der Art und Weise, wie wir (Wissen/Tätigkeiten) lehren/lernen und wie wir denken (analytisch wie kreativ), z. B. wenn wir Probleme lösen. Deshalb wurden meine Bücher zu diesem Themenbereich öfter (teilweise sogar komplett) überarbeitet, während andere Themen (wie die Psychologie des Erfolgs, Kommunikation etc.) warten mußten. Und **drittens** sollen Sie den nachfolgenden Text, der zum 2. Selbst-CHECK hinführt, lesen, weil Sie beim Lesen bereits zu ahnen beginnen, wie Sie selbst „gelagert" sind. Beobachten Sie also beim Lesen, bei welchen Teilen der Schilderung Sie sich am meisten „zu Hause" fühlen. Das ist die Frage, um die es gehen wird: Wo „liegen" Sie bezüglich Ihrer Kommunikation?

Drei Kommunikations-Ebenen

Dieses Modell wurde unabhängig voneinander in zwei Ländern entwickelt: In England von Bertrand RUSSEL und in den USA von Gregory BATESON. Die BATESON-Version wurde von dem in Kalifornien lehrenden Österreicher Paul WATZLAWICK (und seinem Team) allgemein publik gemacht (vgl. das Standardbuch „Menschliche Kommunikation – Formen, Störungen, Paradoxien"). Die **Zeichnung** habe ich übrigens ca. 1974 entwickelt (sie ist inzwischen ebenfalls weit verbreitet). Das Modell will bewußtmachen, daß wir auf **verschiedenen** Ebenen kommunizieren.

KOPF UND BAUCH

Reden wir mit jemandem, transportieren wir auf der „**Kopf-Ebene**" Inhalte. Aber wir sind keine Roboter, deshalb müssen wir auch auf die sogenannte **BEZIEHUNGs-Ebene** (von **Bauch** zu **Bauch**) achten. Sie umfaßt das **Emotionale**, während die **INHALTs-Ebene** das **Sachliche** enthält. Auf der BEZIEHUNGs-Ebene geht es um **soziale Kompetenz**, um den sogenannten **E.Q.** (Emotionalen (Intelligenz-)Quotienten, analog dem I.Q.). Auf der INHALTs-Ebene „liegen" unsere Fähigkeiten des analytischen Denkens, die Fertigkeit, unsere Gedanken (mündlich oder schriftlich) in Worte zu fassen (bzw. zu verstehen, was andere sagen oder schreiben). Die INHALTs-Ebene kann sehr komplex sein, sie kann auch Inhalte „zwischen den Zeilen" mitsenden, während emotionale „Inhalte" auf der BEZIEHUNGs-Ebene liegen. Tatsache ist, daß Männer sich mehr auf die INHALTs-Ebene konzentrieren[*], wiewohl diese wahrscheinlich die geringste Wichtigkeit haben dürfte, **wenn wir PERSÖNLICH kommunizieren** (im Gegensatz zu Texten, mit denen man als Autor „kommuniziert").

Während Männer sich mehr auf Inhalte konzentrieren, achten Frauen häufiger auf die BEZIEHUNGs-Ebene, das heißt, sie registrieren Mimik, Gestik, Tonfall etc. differenzierter. Wir können also

---

[*] Im Modul „männlich/weiblich?" (Seite 111ff.) finden Sie einige Hintergrundinfos zu solchen Behauptungen. In diesem Abschnitt stelle ich sie einfach in den Raum...

sagen: Frauen kommunizieren relativ bewußt **auf zwei Ebenen gleichzeitig** (parallel). Sie sagen etwas (INHALTs-Ebene) und beobachten, wie der andere die Worte „aufnimmt", wie er **emotional** (auf der BEZIEHUNGs-Ebene) reagiert, während Männer sich ausschließlicher auf die Inhalte konzentrieren und oft nicht bemerken, wenn jemand (z. B. eine Mitarbeiterin oder Kundin) emotional „gestört" reagiert (weil sie sich z. B. verletzt fühlt). Wie gesagt, solche Pauschal-Beobachtungen können im Einzelfall natürlich immer auch falsch sein, weil es durchaus Männer gibt, die weit sensibler kommunizieren als viele Frauen, aber in der großen Masse kommunizieren Frauen auf zwei Ebenen parallel, während Männer sich auf EINE konzentrieren. Dies kann auch die BEZIEHUNGs-Ebene sein. Es wird ja gern behauptet, Männer seien auf der BEZIEHUNGs-Ebene „blind" (für Gestik, Mimik etc.) und „taub" (für Tonfall-Nuancen), aber das Gegenteil ist der Fall. Männer können diese Aspekte sogar extrem gut wahrnehmen! Sie können sich mit minimalen körpersprachlichen Signalen komplexe Botschaften senden. Um nur drei Beispiele zu erwähnen:

parallel

1. Sowohl **Pantomimen** als auch **Stimmen-Imitatoren** sind in der Regel männlich.
2. Der **Trainer** am Spielfeldrand teilt dem Tennis-Spieler (den er während des Spiels gar nicht coachen darf) durch Anheben einer Augenbraue mit, was dieser als nächstes tun soll.
3. Beim Militär, der Polizei oder anderen Truppen gibt ein Offizier in **Kampfsituationen** mit kleinsten Signalen an, wer sich wohin begeben soll, ob man auf den Schießbefehl warten soll oder nach Gutdünken feuern kann etc.

3 Beispiele

Männer können also durchaus sowohl auf der BEZIEHUNGs-Ebene als auch auf der INHALTs-Ebene kommunizieren, tun dies aber in der Regel vorwiegend auf jeweils einer der Ebenen. Wenn der Coach am Spielfeldrand dem Spieler etwas SIGNALISIERT, dann ist die BOTSCHAFT (auf der INHALTs-Ebene) extrem einfach. Ebenso gibt es eine bekannte Menge möglicher Signale, die in einer Kampfsituation gesendet werden könnten, so daß auch hier die

MENGE der Info klein ist. Frauen hingegen können sowohl komplexe Inhalte „senden" als auch eine Vielzahl nuancierter körpersprachlicher Signale „erhalten", die sie **gleichzeitig** analysieren und interpretieren (während sie **weitersprechen**).

Die META-Ebene

Nun gibt es neben den beiden eigentlichen Kommunikations-Ebenen eine „höhere", z. B. wenn wir uns darüber unterhalten, wie Menschen kommunizieren. Um dies zu tun, müssen wir aus dem System „aussteigen" und uns auf eine „höhere" Ebene begeben, eben jene sogenannte **META-Ebene**. Bertrand RUSSEL und Gregory BATESON schlugen beide (unabhängig voneinander) den Begriff der META-Ebene vor. „Meta" (griechisch) bedeutet „neben", „über", „außerhalb von" und signalisiert in der Mathematik wie in der Kommunikation, daß man sich außerhalb eines Systems stellen muß, um darüber zu sprechen. Hier „liegen" die **offiziellen** wie die **unausgesprochenen** Spielregeln der Sprache. Hier wählen viele Asiaten den Grad der Höflichkeit in der Anrede. In Japan unterscheidet man z. B. eine Reihe von Möglichkeiten: Spricht ein Mann zu einem Mann oder zu einer Frau, eine Frau zu einem Mann oder zu einer Frau, ein Kunde zum Verkäufer oder umgekehrt, ein Chef zum Untergebenen (im Wortsinn) oder umgekehrt, handelt es sich um einen Bekannten, ein Familienmitglied, einen Fremden etc.? In anderen asiatischen Ländern kann Alter zum Maßstab werden (alt zu alt, alt zu jünger, jünger zu älter, jung zu jung) weshalb man Sie dort sehr früh nach Ihrem Alter fragt und Sie hier keinesfalls lügen sollten. Auf der META-Ebene treffen wir zahlreiche kleine Entscheidungen über die Art, wie ein Gespräch verläuft, meist jedoch unbewußt (werde ich z. B. etwas sagen, fragen oder den anderen in die Pfanne hauen). Rein technisch rechne ich übrigens auch die **FORM** zur META-Ebene, also z. B. Rechtschreibung und Grammatik; denn sie gehören zu den „Spielregeln" unserer Sprache. In diesem Zusammenhang wundert es vielleicht nicht, daß Mädchen und Frauen sich hier leichter tun, denn in der Schule (bis

Rechtschreibung und Grammatik unbewußt „gespielt" werden) muß man einen Text ja DOPPELT DENKEN: **WAS** will ich schreiben (INHALTs-Ebene) und **WIE** schreibe ich es (Orthographie, Grammatik). Da Frauen leichter auf **zwei** Ebenen **parallel** denken können, lernen sie diese Spielregeln der Sprache oft früher (und besser) als Jungen und Männer. Auch später gilt: Liest jemand KORREKTUR, muss er vor allem auf die META-Ebene achten. Dabei können Männer die Inhalte (z. B. eines Buches) kaum „mitbekommen", da sie sich von Satz zu Satz bewegen (wie einst Tarzan von Liane zu Liane schwang und jede sofort wieder vergaß), während Frauen sowohl den Inhalt bewußt registrieren als auch bemerken, ob ein Fehler korrigiert werden muß. Ist es also ein Wunder, daß die meisten Lektoren Frauen sind?

Aber die META-Ebene hat noch eine Funktion: Hier geht es um „Spielregeln" einer höheren Ebene, **hier planen wir unsere Gesprächs-Strategie** (wenn auch weitgehend unbewußt). Hier wird entschieden, ob wir eine Frage stellen oder eine Aussage machen. Hier entstehen „Strategeme", deren Aneinanderreihung unsere Strategie ergibt, deshalb bezeichne ich diese Ebene als **Strategische Ebene**.

Es ist spannend zu beobachten, was passiert, wenn Menschen lernen, bewußt/er wahrzunehmen, welche Strategie sie vorher **unbewußt** eingesetzt haben. So neigt jemand vielleicht dazu, Menschen in die Pfanne zu hauen. Ist er ein Chef, dann ist diese Strategie besonders kontra-produktiv, aber das ist ihm ja nicht bewußt. Fragt ihn ein Coach, ob er wirklich allen Ernstes davon ausgeht, daß sein Schreien die Mitarbeiter motiviert, effizient, freundlich, fehlerfrei etc. zu werden, dann erstaunt ihn das doch sehr. In dem Maß, in dem wir unsere eigene Strategie mitverfolgen können, in dem Maß gewinnen wir „Power". Deshalb raten uns die alten Philosophien Asiens z. B. dazu, einen inneren BEOBACHTER zu erschaffen. Auch die jüdisch-christliche Tradition hat das versucht, indem sie uns sagte, Gott sieht alles. Wer das glaubt, erlebt sich ähnlich einem Seminar-Teilnehmer im Rollenspiel, bei dem er von Runde zu Runde lernt, mehr Aspekte seines Verhaltens **bewußt** zu registrieren (während er weitersprechen muß). Das **Wahrnehmen** des eigenen Verhaltens ist die **Vorstufe**, um bewußt über die eigene Strategie **nachdenken** zu können. Und das ist wiederum Voraussetzug dafür, sie **bewußt zu steuern** bzw. sie vielleicht irgendwann zu verändern.

Talent ⊕ Training ?

Wer **beruflich viel verhandeln muß**, sollte lernen, möglichst viele Ebenen gleichzeitig zu registrieren (bzw. daß er fürs Verhandeln vielleicht nicht besonders geeignet ist). Man kann dies leicht feststellen: Gehört Verhandeln zu den ANGEBORENEN Talenten, dann können wir mit Hilfe von TRAINING lernen, mehrere Ebenen parallel wahrzunehmen. Ein besonders guter Einstieg, um zu testen, wie wir „gelagert" sind, sind FRAGE-Rätsel, mittels derer wir auf der Inhalts-Ebene lernen können, gute Fragen zu stellen, während wir den strategischen Wert der Fragen (unserer wie jener der anderen) auf der META-Ebene begutachten und bewerten: Stellt jemand regelmäßig Fragen, die schon beantwortet worden sind? Und wenn ja, tut er das aus Versehen (weil er schlecht zuhört oder Gedächtnisprobleme hat) oder absichtlich (weil Herr Müller auf der anderen Seite des Tisches sich dann jedesmal aufregt: „Das hatten wir doch schon! Passen Sie gefälligst auf!")? Ich habe früher viele Jahre lang einen komplexen Frage-Zyklus entwickelt, der zuerst die LOGIK der Frage-Situation trainierte, nämlich durch typische Ja-/Nein-Fragen, auf die es jedoch bei uns vier mögliche Antworten gibt (vgl. mein DVD-Seminar „FRAGE-TECHNIK" sowie meine Taschenbücher „Fragetechnik schnell trainiert" und „Intelligente Rätsel-Spiele"). Danach erst kümmerten wir uns um die Psycho-Logik der Gesprächs-Strategie (vgl. mein Taschenbuch „Psycho-logisch richtig verhandeln").

Selbst-CHECK 2: KOMMUNIKATION
(Wo liegen Ihre KOMMUNIKATIONS-STÄRKEN?)

Sicher haben Sie beim Lesen bereits mit dem Selbst-CHECK begonnen, jetzt aber wird es offiziell: Denken Sie an die drei Kommunikations-Ebenen und verteilen Sie Prozente. Von insgesamt 99 % – wieviel Prozent „liegen" bei Ihnen auf welcher Ebene? Falls Sie glauben, auf allen drei Ebenen gleichzeitig „zugange" sein zu können bzw. auf allen drei Ebenen gleich gut zu sein, dann müßten Sie pro Ebene 33 % eintragen. Aber das schaffen nur extrem wenige (gottähnliche) Menschen. Die meisten von uns „verteilen" sich etwas anders. Wohlgemerkt: Wir meinen **gleichzeitig**. Es geht nicht darum, ob Sie entweder brillant körpersprachlich (pantomimisch) kommunizieren oder ebenso brillant auf der Inhalts-Ebene parlieren können. Es geht um Gleichzeitigkeit während eines Gesprächs, das für Sie wichtig ist oder von dem für Sie etwas abhängt:

Ich „liege" zu ____ % auf der META-Ebene

Ich „liege" zu ____ % auf der INHALTs-Ebene

Ich „liege" zu ____ % auf der BEZIEHUNGs-Ebene

Da dies nur eine erste Einschätzung darstellen kann, schlage ich Ihnen vor, sich diese Frage so oft wie möglich zu stellen. So wie wir beim SOKRATES-CHECK (s. Seite 31) davon ausgegangen sind, daß Sie ca. 3 Monate benötigen werden, bis die Selbsteinschätzung automatisch abläuft, so verhält es sich auch hier. Daher mein Vorschlag:

Skizzieren Sie sich eine kleine Version des Bildes, und markieren Sie mittels eines dicken farbigen Punktes jede Ebene, auf der Sie glauben, gerade aktiv gewesen zu sein. Dies können Sie (wenn das ein wichtiges Thema für Sie ist) auch in tagebuchähnlichen Einträgen festhalten, z. B. so:

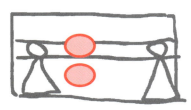

Dies entspricht dem **Minimum**, wenn Kommunikation einen wesentlichen Aspekt Ihres Erfolgs darstellt. INHALT (die Worte) und wie sie „rüberkommen" (was die BEZIEHUNG beeinflußt). Wer sich ausschließlich auf die INHALTs-EBENE konzentriert, mag die **Diskussion gewinnen**, aber darüber den **Kunden verlieren**...

Lesen Sie die folgenden Bemerkungen meiner Coaching-Klienten:

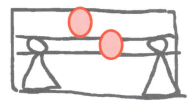

Habe mit Michael gesprochen und versucht, sowohl meine Strategie als auch meine Worte bewußt wahrzunehmen. Oder: Habe einen Aufsatz geschrieben und mich sehr um eine korrekte Sprache bemüht.

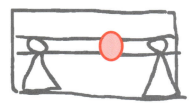

Habe mich so auf den Inhalt konzentriert, daß ich mal wieder nicht gemerkt habe, wie meine Worte „angekommen" sind.

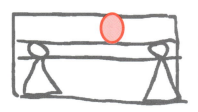

Saß heute geschlagene vier Stunden und habe die Verkaufspräsentation für Montag geplant. Jetzt kann ich die Dias auswählen, die ich zeigen will...

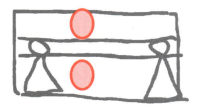

RATEN SIE MIT –
WAS KÖNNTE HIER STEHEN???

Auf diese Weise lernen Sie sich bald auch ohne Skizze einzuschätzen, genau wie beim SOKRATES-CHECK. Sie entscheiden, welche der Möglichkeiten dieses Buches Sie in welcher Reihenfolge bzw. gleichzeitig angehen. Der SOKRATES-CHECK und der KOMMUNIKATIONS-CHECK können gut parallel laufen, wenn sie zu unterschiedlichen Zeiten stattfinden. So absolvieren Sie z. B. einen SOKRATES-CHECK in der TV-Werbepause oder weil Sie beim Hören (Radio, Hörbuch), Lesen oder Fernsehen auf Themen/Verhaltensweisen stoßen, die Sie CHECKEN wollen, während der KOMMUNIKATIONS-CHECK während eines Gesprächs oder unmittelbar danach stattfindet.

Sokrates-CHECK & Komm.s-CHECK parallel

Falls Ihnen bei dem letzten Beispiel (Seite 40) nichts eingefallen sein sollte, darf ich Ihnen den Tagebuch-Eintrag eines meiner Coaching-Klienten nachreichen. Er schrieb:

„Habe den Tip von vfb angenommen und mich bei den Langweilern in der Gruppe auf deren Körpersprache konzentriert. Ich nahm wahr, **daß** ich mich darauf konzentrierte (wenn es inhaltlich langweilig wurde). Das bedeutet, daß ich meine eigene Strategie registrierte. Gleichzeitig aber nahm ich wahr, was sie körpersprachlich zu bieten hatten. Spannend. Ich hätte nie gedacht, daß es so interessant sein könnte, Langweilern zuzuhören."

Da dieser Klient aus einem fernen Land kommt und wir zusammen englisch sprechen, habe ich seine Worte ins Deutsche übersetzt.

Selbst-CHECK 3: Intelligenz + Kreativität

Es folgt ein **WQS** (Wissens-Quiz-Spiel), das die Idee eines Quiz-Spiels (vgl. TV-Quiz-Sendungen) mit der Tatsache verbindet, daß letztlich Wissen vermittelt wird. Spielen Sie mit: Beim ersten Durchgang (jetzt) RATEN Sie einfach (auch wenn Sie keine Ahnung haben). Wenn Sie dann später das Modul „Intelligenz + Kreativität" lesen (Seite 65ff.), können Sie zurückblicken und vergleichen. Dieser Vergleich kann sehr spannend sein, aber unabhängig davon werden Sie sich mehr merken, wenn Sie vorab geraten haben. So einfach könnte es auch in der Schule sein (vgl. Seite 131ff.).

Mini-WQS zu Intelligenz (4 Fragen)

Frage 1 Wie viele Faktoren beeinflussen unsere alltägliche Intelligenz?

Antwort:

Frage 2 Wie viele davon sind angeboren, das heißt genetisch bedingt und demzufolge unveränderbar?

Antwort:

Frage 3 Somit verbleiben wie viele „Rädchen" (Faktoren), an denen wir „drehen" können, um unsere Intelligenz zu vermehren?

Antwort:

Frage 4 Wie können wir diese Faktoren günstig beeinflussen?

Antwort:

Selbst-CHECK 4: m oder mm?

Die kleine Selbst-Inventur ist sehr einfach. Versuchen Sie, sich so ehrlich wie möglich einzuschätzen. Fragen Sie im Zweifelsfall andere. (Bei dieser Frage lügen sich manche gern in die eigene Tasche, wenn sich herausstellt, dass sie ein mm-Typ sind.)

- **m-Typ:** Sie suchen im Zweifelsfall Übereinstimmungen. Sie stimmen lieber zu (als zu widersprechen).

- **mm-Typ:** Sie suchen im Zweifelsfall Abweichungen. Es gibt Leute, die Ihnen vorwerfen, Sie kritisieren zu viel (manche behaupten sogar, Sie würden oft meckern).

Hier haben wir zwei Menschentypen, nicht zwei „Enden" eines Spektrums. Man neigt entweder zum **m-Typ oder** zum **mm-Typ** (wofür die Buchstaben stehen, wird noch nicht verraten). Diese Tendenz ist angeboren und kann nicht verändert werden. Aber die Kenntnis kann uns helfen, unsere Eigenart (welche es auch sei) im Alltag besser einzusetzen...

Selbst-CHECK 5: BLAKE/MOUTONs GRID-CHECK

In den 1960er Jahren entwickelten zwei amerikanische Unternehmensberater (BLAKE und MOUTON) das sogenannte Management-GRID mit neun Quadraten. Stark vereinfacht: Es beschreibt Manager – je nachdem, ob sie eher MENSCHEN-bezogen (OBEN) oder eher auf hohe PRODUKTION (RECHTS) bedacht sind.

Die Eck-Punkte sehen wie folgt aus: Links oben „sitzt" der „Frühstücks-Direktor". Viele Firmen wissen diesen Menschentyp nicht zu schätzen, aber er verfügt über viel emotionale Intelligenz und hat eine hohe soziale Kompetenz. Zwar sollte er nicht unbedingt Produktions-Manager sein, doch gibt es durchaus „Jobs" für ihn: Er knüpft, hält und stärkt **Kontakte**, ist hervorragend geeignet, um das Unternehmen auf Kongressen und Messen zu vertreten oder um Menschen zusammenzubringen. Rechts unten „sitzt" sein Gegenpol: der Produktivitäts-Treiber, der sich – schlimmstenfalls als Workaholic – und/oder andere (Sklaventreiber) unermüdlich antreibt. Werfen wir einen Blick auf die Diagonale: Der statistische Schnitt liegt genau bei 5,5. Diese Manager sind „normal" (Durchschnitt), aber **normal** heißt immer auch mittelmäßig. Von ihnen gibt es demzufolge jede Menge. Sie sind weder besonders gut im

Umgang mit Menschen noch erzielen sie selbst (oder ihre Abteilungen) eine hohe Produktivität (bzw. Leistung).

Aber es gibt noch einen Typ in diesem GRID, und das ist der göttliche, begnadete Menschenführer (bei 9,9). Er kann sowohl außerordentlich gut kommunizieren als auch phänomenal produzieren (oder produzieren lassen). Er kann hervorragend motivieren, und wenn er einmal kritisieren muß, tut er das, ohne zu verletzen. Er verbindet die hohe soziale Kompetenz des Frühstücksdirektors mit der hohen Produktivität (Leistung) des Sklaventreibers. Das gibt es ganz selten.

Beim GRID-CHECK ist wichtig, daß wir **nicht werten**. Jeder Menschentyp wird gebraucht (nur nicht unbedingt in der Position, in der er momentan arbeitet). Und wir müssen auch keine Manager sein, um uns mittels GRID einzuschätzen. Versuchen Sie es einmal, es wird sich lohnen:

1. **Schätzen Sie sich selbst ein:** Erstellen Sie eine Skizze oder (Foto-)Kopie des GRIDs und zeichnen Sie Ihr Kreuzchen für Ihre Position ein.
2. **Schätzen Sie andere Menschen ein** (neues Blatt mit GRID): Hier können Sie mehrere Personen in ein GRID eintragen (aber jedes Kreuzchen beschriften).
3. **Bitten Sie andere, Sie einzuschätzen:** Diese Einschätzungen übertragen Sie dann auf Blatt/GRID 1 (vielleicht mit einer anderen Farbe). Jedes Kreuzchen wird beschriftet. (Von wem stammt diese Einschätzung?)

Es kann sehr spannend sein, zu vergleichen: Liegen die Fremd-Einschätzungen nahe oder weit entfernt von der Selbst-Einschätzung? Wenn die anderen auch eine Selbst-Analyse vornehmen, wie finden sie Ihre Einschätzung? Hier können Gespräche mit Menschen, zu denen wir Vertrauen haben (und andere laden wir dazu gar nicht ein), viel bringen. Man kann sich sehr stark verschätzen...

Selbst-CHECK 6: McGREGORs X/Y

Wieder einmal ziehen wir ein Spektrum auf (waagerecht): Links schreiben wir X, rechts Y:

X |◄─────────────────────────────► | Y

Es geht darum, wo auf dieser Linie wir uns „befinden", und zwar in Bezug auf unsere Einstellung anderen Menschen gegenüber. Eigentlich ist dies ein Management-Modell, und es geht darum, wie wir unsere Mitarbeiter sehen. Wer keine hat, kann sich, wie beim Modell von BLAKE und MOUTON, die Frage trotzdem stellen, und zwar indem er an Menschen denkt, die ihn „bedienen" (also Dienstleister). Hier können wir uns vorstellen, wie wir diese Menschen sehen würden, wenn sie unsere Mitarbeiter wären.

Das Modell stammt von einem berühmten Management-Professor an einer der renommiertesten Hochschulen der USA (MIT): Douglas McGREGOR. Er publizierte 1960 sein Buch „The Human Side of Enterprise". Damals war er seiner Zeit weit voraus, deshalb wurde seine Arbeit nicht vergessen, im Gegenteil: 40 Jahre später begann eine regelrechte McGREGOR-Renaissance. Am bekanntesten ist seine Theorie XY.

Theorie X geht davon aus, der **Mensch sei von Natur aus faul** und müsse zur Arbeit gezwungen sowie ständig kontrolliert werden. Der Mensch sei nicht bereit, Verantwortung zu übernehmen. Er drücke sich, wo er kann, etc. etc. Manager, die dieser Theorie anhängen, erkennt man an Redewendungen wie: „Wenn man nicht alles selber macht!" Sicher mag das manchmal stimmen, aber wenn es zur ständigen Redewendung wird, verrät das ihr Mißtrauen den MitarbeiterInnen gegenüber.

Theorie Y vertritt die gegenteilige Meinung. Hier geht man davon aus, **Arbeit sei genauso natürlich wie Sport oder Spiel**. Die Menschen hätten Freude daran, sie würden mit den Aufgaben wachsen, gern Verantwortung übernehmen etc. Y-Manager erkennt man daran, daß sie ihren Leuten einiges zutrauen.

FRAGEN:
1. Wo ordnen Sie sich ein?
2. Neigen Sie mehr zu X oder zu Y?
3. Ändert sich Ihre Einstellung, wenn Sie an verschiedene Leute denken?
4. Glauben Sie, daß Sie eine ziemlich konstante „Stelle" auf der Linie „besetzen" oder daß es größere Schwankungen gibt?
5. Ist Ihre Einstellung heute ähnlich wir vor 10 Jahren, oder hat sie sich geändert?

Selbst-CHECK 7: männlich/weiblich?

Wieder wollen wir ein Spektrum aufspannen. An einem Ende (links) finden wir MÄNNLICH, am anderen Ende WEIBLICH. Das sind die beiden Extrem-Punkte.

FRAGE 1 Schätzen Sie sich eher als ausgeprägt MÄNNLICH oder WEIBLICH ein?

Haben Sie ein Kreuzchen gemacht (oder gedacht)? Hm, dann habe ich Sie ein wenig hereingelegt, denn hier müssen wir umdenken. Nur wenige von uns sind 100% männlich oder weiblich (jene, die am Extrempunkt „sitzen", haben große Probleme). Die meisten Menschen (²/₃) sind WEITGEHEND männlich oder WEITGEHEND weiblich. Diese Position sollten wir uns jedoch nicht als Punkt vorstellen, den wir ankreuzen können (wie bei anderen CHECKs), sondern eher als BLASE. Über die Verteilung innerhalb der Blase werden wir noch sprechen.

Wann entsteht diese Veranlagung? Ist sie genetisch? (Dann wäre der Zeitpunkt der Entstehung die Zeugung.) Oder UMWELTBEDINGT, wie manche behaupten? Was denken Sie? **FRAGE 2**

Tja, auch das war eine Trick-Frage. Ob und wie stark und in welchen Aspekten wir männlich oder weiblich fühlen und handeln, ist in weit größerem Maße UMWELTBEDINGT, als die meisten Menschen annehmen. Trotzdem meinen wir mit UMWELT ausnahmsweise NICHT DIE ERZIEHUNG... (Wir kommen in der BESPRECHUNG, Seite 111ff. darauf zurück.)

Selbst-CHECK 8: Sind Sie ein „Aspie"?

Ich verdanke diesen Test einem wunderbaren Artikel, den ich in Teil II (Besprechung der Inventur-CHECKs) zitieren darf. Die Fragen habe ich aus dem Text von Colin MÜLLER „herausgelöst", damit Sie sich dem Thema unbefangen nähern können. Später erfahren Sie den ganzen Hintergrund. Lassen Sie sich bitte erst einmal darauf ein...

Menschen sind Gruppenwesen, daher definieren sie sich zum Teil durch die Sicht (das Urteil) anderer. Dieser CHECK betrifft einen von 200 Menschen. In einer Millionenstadt sind also 50.000 Menschen betroffen, eine ganz schöne „Minderheit", oder? Falls Sie sich in diesem CHECK **nicht** wiedererkennen, kennen Sie vielleicht Betroffene. **Diesen kann dieser Selbst-CHECK immens helfen!**

Frage: Hat man in Bezug auf Sie schon einmal die rechts genannten Begriffe verwendet (oder Sie selbst in Bezug auf sich)? Bitte ankreuzen (oder eintragen).

- ❏ **Einzelgänger**
- ❏ **Exzentriker**
- ❏ **Geek** (angelsächsisch)
- ❏ **komisch**
- ❏ **Nerd** (angelsächsisch)
- ❏ **schüchtern**
- ❏ **Spezialist**
- ❏ **von einem anderen Planeten**
- ❏ **zerstreuter Professor**

Menschen, die betroffen sind, zeichnen sich durch einige charakteristische Merkmale aus, die sich auf folgende Bereiche verteilen. Dabei kann es sein, daß ein/e Betroffene/r sich in mehr als einem Bereich wiederfindet (bei Multiple-Choice-Tests sagt man dann: Mehrfachnennungen möglich). Also keine Angst, auch wenn Sie in allen fünf Bereichen Aspekte finden, die Sie betreffen.

1. Wahrnehmung
2. soziale Interaktion
3. Kommunikation
4. Schwierigkeiten, anders gelagerte Menschen zu verstehen
5. motorische Ungeschicklichkeiten

❑ Ich reagiere sehr sensibel auf manche Sinnesreize:
  ○ laute Geräusche
  ○ dauerhafte Geräusche (Stimmen, die durcheinanderreden)
  ○ plötzliche Geräusche
  ○ schrille Geräusche
  ○ Geräusche von Elektro-Geräten, Ventilatoren etc.
  ○ helle Lichter
  ○ starke Gerüche (Parfüms, Cremes, Deos, Putzmittel etc.)
  ○ Geschmack (gewisse Nahrungsmittel: igitt!)
  ○ unerwartete Berührungen
  ○ unnötige Berührungen
  ○ Berührungen an manchen Körperteilen (Kopfhaut, Handgelenke...)
  ○ zuviel Druck (beim Händeschütteln oder Umarmungen)
❑ Ich bevorzuge ruhige Umgebungen (trage Ohrstöpsel).
❑ Ich mag es nicht so hell (trage gern Sonnenbrille).
❑ Ich bin allgemein sehr empfindlich (man wirft mir vor, wehleidig zu sein, z. B. beim Zahnarzt).

- ❏ Ich mag bestimmte Arten von Textilien nicht (kratzig, hart, dick, schwer).
- ❏ Ich bin beim Essen (sehr) wählerisch.
- ❏ Ich mag grelles Licht, grelle Farben, Neonlicht.
- ❏ Ich bin eher UNTER-EMPFINDLICH, kann also Kälte besser ertragen als die meisten.
- ❏ Ich bin motorisch ungeschickt, neige also zu bestimmten Fehl-Bewegungen, die mir immer wieder passieren.
- ❏ Ich neige dazu, sehr direkt zu kommunizieren, sage also, was ich denke.
- ❏ Ich scheine eine Tendenz zu Unhöflichkeit zu haben, weil ich nicht einsehe, warum ich lügen soll, nur damit ich höflich bin.
- ❏ Ich hasse es, wenn Leute um den heißen Brei herumreden. Ich komme lieber direkt auf den Punkt, egal, ob andere sprechen oder ob ich mich äußere.
- ❏ Ich scheine immun gegen Botschaften zu sein, die zwischen den Zeilen stehen. Man sagt mir auch nach, Winke mit dem Zaunpfahl nicht zu verstehen.
- ❏ Ich verstehe manchmal überhaupt nicht, was Leute sagen. Zwar verstehe ich jedes Wort, aber irgendwie ergeben diese keinen Sinn.
- ❏ Ich liebe Genauigkeit und Klarheit in Sprache und Denken.
- ❏ Ich kann Körpersprache schlecht „verstehen".
- ❏ Ich merke manchmal nicht, wenn ich über Dinge spreche, die mich außerordentlich faszinieren, daß sie vielleicht keinen der anderen Anwesenden interessieren.
- ❏ Ich dringe unerhört tief in ein Thema ein, wenn ich mich darauf konzentriere.
- ❏ Ich bin unglücklich, wenn man mich aus meiner Konzentration herausreißt.
- ❏ Ich ecke immer wieder an, weil ich den direktesten Weg suche, ein Problem zu lösen, und dabei die falsche Person anspreche (statt die hierarchisch direkt über mir).

ASPIES

ASPIES

- ❏ Ich habe überhaupt kein Interesse an Designer-Klamotten (und anderen Status-Symbolen), deshalb bin ich in manchen Gruppen ein Außenseiter. Schade, denn viel wichtiger ist, wie man als Mensch ist.
- ❏ Ich begreife das Gehabe der Kids nicht, die COOL sein wollen. Keine Ahnung, warum das von Vorteil sein soll.
- ❏ Ich bin zeitweise gern allein und langweile mich selten.
- ❏ Ich bin manchmal einsam, weil andere nicht mit mir spielen oder arbeiten wollen.
- ❏ Ich kann für die Interessen Gleichaltriger nur wenig Interesse aufbringen. Daher spiele ich lieber mit jüngeren oder älteren Kindern oder halte mich unter Erwachsenen auf.
- ❏ Ich habe ein (einige) Spezialgebiet/e, in das/die ich mich ungemein vertiefen kann.
- ❏ Ich kann mich für diese Themen kurzfristig begeistern (einige Tage oder Wochen) oder auch über lange Zeiträume, also Jahre (sogar ein Leben lang).
- ❏ Ich glaube, daß manche Menschen die intensive Be-GEIST-erung, die ich bei meinen Kernthemen empfinde, nie erleben werden.

Wenn Sie einige Kreuzchen gemacht haben, könnten Sie betroffen sein. Ab Seite 121 erfahren Sie mehr darüber. Beenden Sie aber bitte dieses Kapitel, bevor Sie zur Auswertung „springen". Die Reihenfolge wurde sorgsam entwickelt und entspricht dem Verlauf im Seminar. Da kann man auch nicht von 10:35 Uhr zu 11:30 Uhr springen, einverstanden?

Selbst-CHECK 9: GEHIRN-GERECHTES Vorgehen

Dies ist die letzte Selbst-Inventur. Falls Sie bis jetzt in einem Stück „durchgemacht" haben, entscheiden Sie, ob Sie noch eine schaffen oder ob Sie ein wenig pausieren wollen.

Lesen Sie und antworten Sie schriftlich. Bitte nicht nur „drüberlesen", denn es ist WICHTIG, herauszufinden, ob Sie BETROFFEN sind oder nicht. Bei den Kurzantworten können Sie gleich ins Buch schreiben, bei den „offenen" Fragen notieren Sie bitte Ihre Antworten stichpunktartig auf ein separates Blatt Papier (bitte vorab zurechtlegen: Blätter, Heft, Block...). Bereit? Dann geht es jetzt in die Schlußrunde.

Aufgabe 1: Assoziation

Hier sind Ihre allerersten spontanen Assoziationen gefragt. Es ist absolut notwendig, daß Sie diese notieren. Wenn Sie nicht ins Buch schreiben wollen, dann nehmen Sie ein Blatt Papier.

BILDUNG
SCHULE
LESEN
UNTERRICHT
LEHRER
HAUSAUFGABEN
MUSIK
AUFSATZ
RECHNEN
THEATER
GESCHICHTE
TURNEN
NOTEN
EINSER-SCHÜLER
FREUDE
FRUST
ZEUGNIS
Was fehlt in dieser Liste?

Merke: Wenn Ihnen auf dem Weg vom Kopf in den Stift eine zweite Assoziation einfällt, so können Sie diese AUCH notieren, aber zuerst schreiben Sie auf alle Fälle Ihre ERSTEN spontanen Einfälle nieder. Einverstanden?

Aufgabe 2: Fragen

Beantworten Sie diese Fragen bzw. beenden Sie die Aussagen...

1. Wie sehen Ihre frühesten Erinnerungen an die Schule aus?
2. Woran liegt es, daß so viele SchülerInnen versagen?
3. Wer sollte was tun, um die Situation zu verbessern?
4. Stellen Sie sich vor, Sie wollen einen Roman über Ihre eigenen Schulerfahrungen schreiben. Wie lautet der TITEL?
5. Waren Sie (zumindest zeitweise) ein Schulopfer? (Haben Sie also unter der Situation in der Schule gelitten?)
   ❏ ja, oft   ❏ ja, manchmal   ❏ ja, aber selten   ❏ nein, nie
   Wenn ja: Was ist Ihnen beispielsweise widerfahren?
6. Kennen Sie (andere) Schulopfer? Wer sind diese und was ist ihnen widerfahren?
7. Die meisten Leute sind ziemlich lernfaul (wiewohl sie dies vehement bestreiten). Aus Tausenden von Seminarbogen, die wir ausgewertet haben, geht hervor, daß der Widerwille auf unangenehmen Erfahrungen (Lernen+Frust) basiert. Frage: Wenn jemand Ihnen zeigen könnte, daß Lernen mit FREUDE einhergehen kann, wären Sie dann unter Umständen bereit, ein wenig zu experimentieren?
   ❏ klar   ❏ vielleicht   ❏ nein
8. Sind Sie von der Schul-Problematik betroffen?
   ❏ ja   ❏ teilweise   ❏ nein
   Falls nicht, Stellen Sie diese Fragen anderen Menschen und staunen Sie. Sie gehören zu einer Minderheit von weniger als 25 % der Bevölkerung. Gratuliere!

Modul 1 – CHECK: Der SOKRATES-CHECK

Wir fühlen uns **wohl**, wenn wir uns sicher **fühlen** – und umgekehrt: Je sicherer wir uns fühlen, desto wohler fühlen wir uns auch. Aber es gilt noch eine „Regel": Je weniger bewußt wir wissen, was wir wissen und was wir können, desto weniger können wir diesen Faktor nutzen, um ein Gefühl der Sicherheit zu entwickeln. Das heißt, Menschen, die ihr eigenes Wissen und/oder ihre Fertigkeiten nicht gut einschätzen können, leiden unbewußt oft an vagen Gefühlen der Unsicherheit, die sie nicht orten können. Wenn wir bedenken, wie wenige Menschen sich wirklich wohlfühlen, dann ist einer der Faktoren, die dieses Unwohlsein auslösen, Unkenntnis im Sinne jenes Satzes von SOKRATES: Wer weiß, daß er nicht weiß... Können Sie ihn beenden? (Wenn nicht, s. Seite 31.)

KLEINER CHECK IHRES CHECKS...

100 %

0 %

Bei „Kaffeekochen" (s. Seite 32) geben die meisten TeilnehmerInnen 70 % bis 90 % an. Und Sie? Haben Sie noch nicht mitgemacht, legen Sie sich bitte jetzt fest, wie gut Sie sind, wenn es ums Kaffeekochen geht.

Nun fragen Sie sich: Wissen Sie, mit welcher **Temperatur** der Kaffee, den Sie derzeit trinken, eigentlich **gebrüht werden sollte**? Und wissen Sie, welche Temperatur das Wasser tatsächlich hat, wenn Sie Kaffee kochen? Früher dachte man, man sollte den Kaffee mit kochendem Wasser brühen. Heute sagt man, eine Temperatur von 92 Grad wäre optimal. Aber Sie wollen das Wasser erst kurz aufkochen, richtig? Haben Sie eine Ahnung, ob Sie jemals in der Nähe dieser 92 Grad brühen? Selbst wenn Sie eine Kaffeemaschine besitzen, die laut Prospekt mit dieser Temperatur brüht – haben Sie es einmal überprüft? (Ein entsprechender Test in einer Fernsehsendung zeigte, daß kaum eine Maschine dieses Versprechen auch einhält.)

Und es gibt noch viel mehr Fragen, die Sie sich stellen könnten: Wissen Sie z. B., wie Sie mehr oder weniger **Koffein** in den Kaffee „transportieren" bzw. daß Sie das durch die Art, wie sie ihn aufbrühen, bestimmen? Ist es besser, den Kaffee mit Druck durch das Kaffeepulver zu „jagen" oder ihn (wie einst die Oma) mit einer Kelle langsam zu brühen, so daß er länger im Wasser „badet"? Welcher Kaffee enthält das meiste Koffein? Ist es der Espresso? Antwort: Im Gegenteil, der Espresso hat am wenigsten, weil der Kaffee vom heißen Wasser nur erschreckt wird und gar keine Zeit hat, viel Koffein abzugeben (da das Wasser sehr schnell „durchgejagt" wird).

Was ich mit diesem kleinen Exkurs in die Kaffeewelt zeigen wollte, ist dies: **Sie wissen vielleicht etwas weniger über das Kaffeekochen, als Sie dachten.** Wenn Sie zustimmen, dann bewegen Sie Ihr Kreuzchen ein wenig auf der Geraden nach unten. Es ist völlig ok, zu sagen, daß Sie beim Kaffeekochen vielleicht bei 50 % liegen. Nur **wissen** sollten Sie es. **Das ist das einzige, worum es geht.**

Im Seminar müssen viele TeilnehmerInnen ihr Kreuzchen bezüglich **Kaffeekochen** korrigieren. Das zeigt, daß die meisten in der Vergangenheit **nicht** gelernt haben, ihr Wissen und ihre Fertigkeiten „sauber" einzuschätzen. Aber das können wir in einem Vierteljahr lernen, wenn wir uns täglich mehrmals kurz einschätzen. Sokrates hat recht: WESENT-lich ist, **zu wissen, was wir (nicht) wissen oder können**! Leider hat man uns in der Schule aber genau das Gegenteil beigebracht: Wir sollten **möglichst immer Bescheid wissen** (sonst drohte eine schlechte Note, mindestens aber ein Tadel). Desweiteren sollten wir möglichst alles wissen, **ohne nachzuschlagen**, wiewohl dies völlig am realen Leben vorbeigeht. Es wäre besser gewesen, man hätte gelernt, **wie** (und wo) man nachschlägt. Denn warum soll ich etwas, das ich nur einmal bzw. zum ersten Mal in meinem Leben benötige, nicht nachschlagen dürfen? Außerdem gilt: Was ich oft genug nachgeschlagen habe, weiß ich automatisch, so daß das Nachschlagen einen weit besseren Lernweg darstellt als isoliertes Pauken.

Die „Krankheit" des Schulsystems, jeden Fehler zu ahnden, hat in vielen Menschen ein tiefes Gefühl der Un-WERT-igkeit ausgelöst, das wir mit dem SOKRATES-CHECK bewußtmachen, um gegenzusteuern.

Stellen wir fest, daß wir weniger wissen oder können, als uns lieb ist, dann sollten wir uns zwei Dinge klarmachen:

1. **Es gibt Dinge, die wir (nicht) können.** Hier gilt es, **unsere Stärken systematisch auszubauen**, anstatt andauernd irgendwelche Schwächen „verbessern" zu wollen. Denn: Jede Einheit Energie, die wir in die „Arbeit an unseren Schwächen" stecken, **fehlt uns beim Ausbau, bei der Er-WEIT-erung und der Verbesserung unserer STÄRKEN!**

2. **Wenn wir etwas nicht wissen, dann war es in der Vergangenheit Zufall oder Schicksal, ob uns das Wissen bereits „begegnet" war.** Das ist zunächst einmal eine Tatsache, die **ohne Wertung** gesehen werden sollte. Lernen Sie, sachlich festzustellen „Das weiß ich nicht", ohne dem Erkennen immer noch ein „Schlimm!" hinzuzufügen. Es ist NICHT SCHLIMM. Es ist eine Tatsache, daß wir nicht alles wissen können und daß wir uns erlauben müssen, manches nicht (nicht perfekt) zu wissen (zu können). **Die Frage ist lediglich — da wir die Lücke entdeckt haben — es nun lernen wollen.** Wenn nicht, dann akzeptieren wir das (nicht jeder muß wie ein Chinese mit Stäbchen essen können!*) Wenn ja, dann fangen wir an.

Stärken systematisch Ausbauen!

---

* Können Sie „korrekt" mit Stäbchen essen? Das hieße in China auch, **den Mund zur Reisschale zu bewegen.** Beherrschen Sie das? Wir westlichen Menschen können zwar oft die Stäbchen halbwegs korrekt halten, sitzen aber stockzsteif da und führen die Stäbchen den langen Weg zum Mund (mit hocherhobenem Haupt). In den Augen der Chinesen sieht das ziemlich lächerlich aus. Nur wird das einer „Langnase" nie erklärt, solange sie nicht fragt. Wer aber keine Ahnung davon hat, was er NICHT weiß, weiß auch nicht, worauf er achten sollte oder was er fragen will. In dem Moment aber, da wir ahnen, daß wir weniger wissen, als wir glaubten, werden wir OFFEN. Ab jetzt werden wir weit mehr SEHEN. Wir nehmen z. B. wahr, daß japanische Stäbchen dünner und kleiner sind als chinesische...

Wenn wir etwas lernen wollen, dann arbeiten wir an einer ZUKÜNFTIGEN STÄRKE. Das darf mit einer Verbesserung von Schwächen keinesfalls verwechselt werden.

Dieser Punkt ist sehr wichtig. So litt ich z. B. viele Jahre lang unter meiner „größten Schwäche" (daß ich zuviel rede), bis ein Gespräch mit einem älteren Herrn in Amerika mir half, meinen „schlimmsten Fehler" anders wahrzunehmen. Er stellte nämlich fest:

 1. Nichts kann ohne Kontext als Stärke oder Schwäche identifiziert werden. Für jemanden, der am Telefon Reklamationen entgegennehmen soll, wäre Vielrednerei von Nachteil, aber ein Redner sähe wohl ein wenig komisch aus, wenn er vor dem Publikum stehen und dauernd schweigen würde.

 2. Kann jemand eine sogenannte Schwäche trotz aller Mühen nicht „loswerden", besteht wahrscheinlich eine genetische DISPOSITION. Sollte es gelingen, sie wegzutrainieren, geht auch ein Teil der Persönlichkeit über Bord.

 3. In der Regel werden uns sogenannte Fehler von Leuten vorgeworfen, die (tief im Innern) an anderen bekämpfen, was sie an sich selbst nicht mögen. Das erstaunte mich doch sehr (ich war damals 20 Jahre alt). Er fragte mich: „Gehe ich recht in der Annahme, daß es andere Vielredner waren, die dir eingeredet haben, du würdest zuviel reden?" Ich dachte nach, und dann wurde mir klar, daß er recht hatte. Ich nickte. „Eben!" meinte er.

 4. Oft ist die sogenannte Schwäche in Wirklichkeit unsere Stärke, insbesondere wenn sie tatsächlich auf einer genetischen Disposition beruht. „So hast du z. B. die Fähigkeit, frei zu formulieren, um die dich viele Menschen beneiden..." So hatte ich das noch gar nicht gesehen!

Das Ergebnis: Ich habe meine Stärke systematisch ausgebaut, und heute zahlt man mir viel Geld dafür, daß ich rede. Aber ich habe erstens dafür gesorgt, daß ich interessante Dinge zu erzählen habe, und arbeite zweitens seit Jahrzehnten daran, NEUE Ideen akribisch vorzubereiten (s. Seite 139).

Noch ein Beispiel gefällig? Eine weitere meiner Schwächen bestand darin, daß ich keine Geduld aufbrachte, mit Leuten über **Themen zu reden, die mich nicht interessierten (Small talk)** bzw. die ich für eine Verschwendung an Energie und Lebenskraft hielt (so konnten einige meiner Mitarbeiterinnen z. B. stundenlang über Krankheiten reden). Es gab eine Zeit in meinem Leben, da ließ ich mir von gewissen Leuten einreden, ich MÜSSE mich „anstrengen", an dieser meiner „Schwäche" zu arbeiten, was ich tatsächlich auch viele Jahre lang versuchte. Ich vergeudete Unmengen an Zeit und Energie, bis ich eines Tages im Seminar von meiner „größten Schwäche" erzählte. Abends telefonierte ich mit einem Freund (der dabeigewesen war) und machte eine Bemerkung, daß ich in der Kaffeepause wieder einmal nicht genügend Geduld für den Veranstalter aufgebracht hatte, der mir lang und breit von den Problemen erzählen wollte, die er mit dem Hotel hatte. Da brach mein Freund in Gelächter aus und wies darauf hin, daß ich schon wieder den Fehler machte, Energie in eine sogenannte Schwäche zu lenken. Da begriff ich, daß das der falsche Weg war, und untersagte sofort alle Gespräche über Krankheiten in meiner Gegenwart (wenn doch, dann verließ ich ostentativ den Raum). Ich lernte Menschen zu Themen zu führen (mit Fragetechnik), die uns beide interessierten, statt weiter zu üben, Interesse für Themen zu entwickeln, die mich nun einmal nicht begeistern. Ich habe später noch einige solcher „schlimmen Fehler" entdeckt, aber diese beiden haben mich die meiste Kraft gekostet und waren mir eine doppelt wichtige Lehre.

Wer seine **Stärken gezielt ausbaut**, schreitet ständig voran und kann sich an seinen Erfolgen erfreuen. Außerdem macht es Spaß, den Weg weiterzugehen... Wer aber ständig an gewissen „Schwächen" arbeitet, gegen die er trotz ehrlicher Versuche nicht ankommt, vergeudet immense Mengen an Kraft.

Sie werden übrigens auch feststellen, daß gerade die Leute, die wenig Substantielles beizutragen haben, darauf bestehen, es sei ein Gesetz der HÖFLICHKEIT, ihnen zuzuhören, während Menschen, die selbst an faszinierenden Themen arbeiten, nicht beleidigt sind, wenn man sich für ihr Thema (jetzt) nicht interessiert. Sie wissen, wie spannend ihr Thema ist, und können Verständnis für jemanden aufbringen, dessen Kopf mit anderem voll ist. Aber zurück zum SOKRATES-CHECK:

 Machen Sie den SOKRATES-CHECK regelmäßig (so oft wie möglich) mindestens drei Monate lang!

Es gibt verschiedene Möglichkeiten, den SOKRATES-CHECK durchzuführen:

1. Eine Möglichkeit besteht darin, immer wieder ein **Tätigkeiten-ABC** anzulegen (s. Merkblatt 1, Seite 152ff.) und anschließend zu überprüfen, wie gut wir jede dieser Tätigkeiten beherrschen. Wenn wir mutig sind, könnten wir dann noch Fremdurteile einholen, insbesondere bei jenen Fertigkeiten, die wir für eine mögliche **Stärke** halten. Wenn auch das Fremdurteil uns bescheinigt, daß wir diese Tätigkeit gut beherrschen, dann fragen wir uns: Wollen wir sie ge-ZIEL-t ausbauen? Und wie können wir das angehen? (Hier kann es durchaus sinnvoll sein, sich einen Mentor oder Coach zu suchen, der diese Tätigkeit besonders gut beherrscht.)

2. Die **zweite** Möglichkeit ist ein **ABC zu Wissens**-Gebieten (Themen). Checken Sie anschließend Zeile für Zeile, wie es um Ihr Wissen steht. Fragen Sie sich regelmäßig, was Sie zu bestimmten Themen wissen. Erinnern Sie sich immer wieder daran: **Das einzige, worum es geht, ist, realistischer einschätzen zu lernen, was wir sehr gut, gut, weniger gut oder nicht wissen** (bzw. können).

3. Natürlich geht es auch ohne ABCs, indem Sie sich einfach hinsetzen und über einige Ihrer Fertigkeiten/Wissensgebiete nachdenken. Aber der dritte Weg allein reicht nicht aus! Denn mit Hilfe von ABC-Listen denken wir (durch Assoziationen) auch an Wissensgebiete oder Tätigkeiten, die (noch) **nicht Teil unseres**

Spektrums sind. Deshalb genügt es nicht, nur über die als „eigene" erkannten Themen und Fertigkeiten zu reflektieren.
4. Aber es gibt noch einen Weg: indem Sie die Chancen nutzen, die Ihre Umwelt Ihnen bietet. Sie stoßen auf ein Thema oder eine Fertigkeit, z. B. weil Sie darüber hören oder lesen. Vielleicht wird im Fernsehen eine Opern-Sängerin interviewt, ehe der Werbeblock beginnt. Zappen Sie jetzt **nicht** in anderen Kanälen herum, sondern **zappen Sie in Ihr Inneres**. Fragen Sie sich: Was weiß ich über...? In unserem Beispiel:

- **Gesang** (Wie produziert man z. B. die hohe „Kopfstimme", von der die Rede war?)
- **Stimmausbildung** (Warum sang sie – in der Einspielung vor dem Interview – immer „mi mi mi mi mi"?)
- **Musik** (Wie unterscheidet sich die Stimme von anderen Instrumenten?)
- **Noten lesen** (Wie „liest" man Noten? Können alle Sänger „vom Blatt singen"?)
- **Typen von Gesang** (Wodurch unterscheidet sich ein Volks- von einem Kunstlied? Was ist ein Gregorianischer Choral?)

Je öfter Sie „mal schnell" einen SOKRATES-CHECK durchführen, desto schneller wird er zur Gewohnheit – einer notwendigen **geistigen Gewohnheit**, zu der uns das Regelschul-System selten ermutigt hat. Es half uns nicht wirklich, herauszufinden, wie es um unser tatsächliches Wissen und unsere Fertigkeiten bestellt ist. Vielmehr galt es, (oft langweilige) Aufgaben ohne jeden Bezug zum eigentlichen Leben zu lösen und die „richtige Antwort" zu finden (als ob es auf alle Probleme des Lebens nur eine einzige Antwort gäbe) Kein Wunder also, daß uns die Aufgaben nur selten berührten.

Wenn Sie den SOKRATES-CHECK mindestens 3 Monate lang durchführen, haben Sie einen wichtigen **Bewußtseins-Prozeß** durchlaufen und benötigen für die Übung kein Papier mehr. Im Gegensatz zu vielen Aufgaben in der Schule haben Sie jetzt etwas fürs Leben gelernt, und zwar eine Fertigkeit, deren Wert Sie erst einschätzen können, wenn Sie sie (einigermaßen) beherrschen. Haben

sich schnell einschätzen

Sie sich nämlich erst einmal daran gewöhnt, relativ schnell einzustufen, wieviel Sie zu einem Thema wissen (welche Fertigkeiten Sie beherrschen), dann können Sie im Alltag weit sicherer reagieren. Merken wir, daß wir wenig wissen, können wir dies ruhig kundtun („... interessantes Thema, darüber würde ich gern mehr erfahren") und andere Anwesende einladen, ihr Wissen mit uns zu teilen. Im umgekehrten Fall können wir z. B. sagen „Aaah, damit befasse ich mich schon lange...", um anzudeuten, daß wir uns auskennen. Es ist schwer, heute schon abzuschätzen, wie wertvoll es ist, wesentlich besser (bewußter) zu registrieren, wo man bezüglich eines Themas oder einer Fertigkeit „steht", ehe man den Unterschied zu früher erlebt hat...

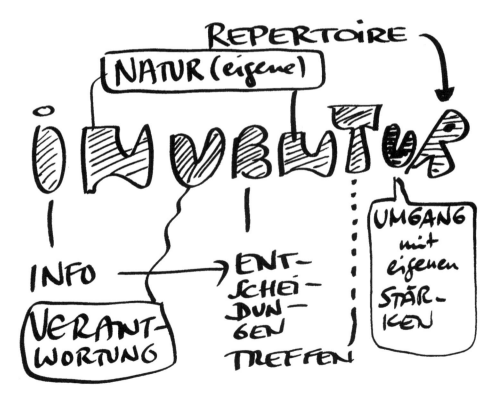

Modul 2 – CHECK: KOMMUNIKATION
(Wo liegen Ihre KOMMUNIKATIONS-STÄRKEN?)

Wie sieht Ihre Selbst-Einschätzung aus? Stimmt sie mit der Einschätzung anderer überein? Haben Sie andere gebeten, Sie einzuschätzen? Sind dabei „Ungereimtheiten" aufgetaucht? Kann es sein, daß andere Menschen Sie anders sehen als Sie sich selbst? Merke:

> Für Ihren persönlichen Erfolg ist **nicht** ausschlaggebend, wie Sie tatsächlich „gelagert" sind, WESEN-tlich ist nur, ob Sie sich selbst (einigermaßen) **korrekt** einschätzen können.

Ich will Ihnen ein persönliches Beispiel geben: Vor vielen Jahren (ca. 1966) huldigte ich noch der Illusion, ich könne ausgezeichnet kommunizieren. Hätte ich damals unseren Selbst-CHECK durchgeführt, hätte er wohl so ausgesehen.

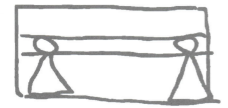

Ich „liege" zu 33 % auf der META-Ebene
Ich „liege" zu 33 % auf der INHALTs-Ebene
Ich „liege" zu 33 % auf der BEZIEHUNGS-Ebene

Natürlich kannte ich zu dieser Zeit das Konzept der drei Ebenen noch nicht. Ich verwechselte damals meine **guten rhetorischen Anlagen**, die ich später durch viel Training perfektionierte, mit dem Gesamtspektrum der Kommunikation. Aber diese Fertigkeit spielte sich vor allem auf der **Inhalts-Ebene** ab. Ich besaß also die Fähigkeit, mich auszudrücken und sprechend zu denken eine Fähigkeit, in der die meisten Frauen begabter sind (wenn auch nicht alle genügend trainieren, um das Talent wirklich zur Entfaltung zu bringen). Auch zeigte ich damals bereits erste Ansätze meines **didaktischen Geschicks**[*], das ich später systematisch aus-

---

[*] Sie können sich anhand meiner DVD-Live-Mitschnitte gern selbst ein Bild machen. Sollten Sie noch keinen kennen und ein Thema suchen, das AUCH mit Kommunikation zu tun hat, nehmen Sie „Viren des Geistes".

baute, war also bereits als junger Mensch ansatzweise gut auf der **Meta-Ebene**. Jedoch fehlte mir noch einiges auf der **Beziehungs-Ebene**. Ich mißverstand viele Signale meiner Mitmenschen, fühlte mich oft VON IHNEN ANGEGRIFFEN und meinte, meine eigene Aggressivität sei nur eine Reaktion auf deren Aktionen. (Warum das so ist, erfahren Sie in Modul 8, Seite 121ff.)

Damals schrieb ich regelmäßig Tagebuch und konnte demzufolge die Einträge für diese Selbsterfahrungs-Schreib-Übung nutzen. Anlaß für die folgenden Assoziationsübungen war ein Gedanke, dem ich damals zum ersten Mal begegnete. Es ging um die Idee, **daß die Welt unser Spiegel sein könnte**. Das würde de facto heißen, daß jemand, der häufig aggressiv sein „muß" (wie ich damals), seine Aggressivität selbst in die Welt WIRFT, die dann von der Welt ge-SPIEGEL-t wird. Ich muß zugeben, ich fand diesen Gedanken im ersten Ansatz ziemlich blöde. Ich war damals nämlich umgeben von „aggressiven" Menschen (die mir immer an den Kragen wollten). Ich war ständig verletzt und dabei, mich zu verteidigen und zu **re-agieren**. Ich konnte selbstverständlich absolut nichts dafür, daß es so viele Leute gab, die mich angriffen...

Das war meine **damalige** Geisteshaltung, und dann begegnete ich dem Gedanken (Welt als Spiegel), den ich zunächst brutal ablehnen „mußte", wollte ich mein Selbstwertgefühl (das damals arg strapaziert war) nicht noch weiter gefährden. Bald tauchte der Gedanke in meinem Journal auf. Eines Tages schrieb ich:

Wenn die Welt ein Spiegel ist, dann müßten die vielen aggressiven Menschen, denen ich laufend begegne, meine eigene Aggressivität widerspiegeln. Quatsch!

Später griff ich diesen Gedanken auf:

Angenommen, ich wäre wirklich viel aggressiver, als ich glaube..., na ja, ich bin schon manchmal ziemlich hef-

tig in meiner Abwehr, aber ich wehre mich ja nur!

Am nächsten Tag:

Kann man aggressiv abwehren, wenn man eigentlich ganz und gar nicht aggressiv ist? Interessante Frage!!! Anscheinend ist ja doch eine Menge Aggressivität in mir. Ich werde die Gruppe fragen.

Ich traf mich damals einmal in der Woche mit einer Gruppe von Menschen, mit denen ich über solche Dinge reden konnte (eine sogenannte T-Group). Nachdem ich die Gruppe gefragt hatte, notierte ich:

Die Gruppe ist sich einig. Ich scheine ziemlich aggressiv zu sein. Schon wie ich im Coffee-Shop einen Imbiß bestelle oder herummeckere, wenn kein Eiswasser da ist, wie ich anderen mit meinen Zwischenfragen in die Parade fahre usw. Einige fühlen sich regelmäßig durch mein Verhalten oder durch meine Art zu fragen angegriffen. So hatte ich mich noch nie wahrgenommen.

Ein paar Tage später griff ich diesen Gedanken auf:

... Da fällt mir ein, daß meine ganze Familie so ist. Deshalb dachten Besucher häufig, wir würden streiten, was uns alle immer total überraschte. Kann es sein, daß diese Aggressivität KEINE AGGRESSIVITÄT GEGEN andere ist? Dem Gedanken könnte man einmal nachgehen... Nur, warum

FÜHLEN sich die anderen dann doch von mir angegriffen...?

Wiederum einige Tage später las ich diese Sätze und fügte ihnen hinzu:

Wahrscheinlich ist JEDE Aggressivität aggressiv, wenn Menschen sich regelmäßig angegriffen oder verletzt fühlen. Dies müßte dann auch für meine Aggressivität gelten! Darüber sollte ich mit mehr Menschen sprechen, insbesondere mit Alvina und Mary. Und ich sollte lernen, bewußter zu beobachten, wie Menschen auf meine Art reagieren, wenn ich mich vorher NICHT angegriffen fühlte...

Schlußfolgerung einige Wochen später:

Die Welt war mir in diesem Aspekt eben doch ein Spiegel...

Fazit:

Sie sehen, wie das Tagebuch-Schreiben zu neuen Einsichten verhelfen kann. Ich setze sie seit Jahrzehnten ein und stoße immer wieder auf spannende Entdeckungen, **nicht nur über mich**, sondern auch **über die Welt**. SCHREIBEN KLÄRT Gedanken, und nicht alle müssen mit uns zu tun haben. So machte ich einige meiner wichtigsten **Ent-DECK-ungen** (das sind Einsichten, die man gewinnt, weil sich der **DECK**-el zu Verborgenem gehoben hat) **schreibend**. Lernen auch Sie, Ihre Kommunikations-STÄRKEN zu finden und bauen Sie sie systematisch aus. Erst nachdem ich akzeptiert hatte, daß meine Stärken bei „INHALT" und „META" (z. B. didaktische Strategien) liegen, konnte ich diese gezielt entwickeln. **Erinnerung**: Wir können nur entwickeln, was sich bereits in uns befindet (vgl. Seite 16).

Modul 3 – CHECK: Intelligenz + Kreativität

Sie erinnern sich an das WQS mit den vier Fragen (Seite 42)? Wollen wir uns zuerst mit INTELLIGENZ befassen. Wundern Sie sich nicht, daß wir zunächst das Thema I.Q. ein wenig ausloten, ehe wir uns einer Intelligenz zuwenden, die unseren **persönlichen Erfolg** im Alltag maßgeblich beeinflußt...

Wollen Sie noch einmal zurückblättern und sich Ihrer Antworten erinnern, ehe Sie hier zu lesen beginnen?

Intelligenz

Eine der ganz großen Fragen der Menschheit, deren Beantwortung uns sagen würde, inwieweit wir unser Leben selbst bestimmen können (oder „gelebt werden" müssen), untersucht, wie wir genetisch (vor-)bestimmt sind bzw. wie lebensfähig der Mensch ist. Nun galt die **Intelligenz** seit jeher als **angeboren**. Diese Idee half Tausende von Jahren, Dynastien zu begründen und weiterzuführen. Man ging davon aus, daß die Qualitäten der Führer, Könige, Kaiser etc. auf deren Nachkommen übertragen würden. Aber die Frage nach der Intelligenz stellt sich inzwischen ein wenig differenzierter. Deshalb möchte ich Ihnen im Schnellverfahren drei bedeutende Denker und ihre wichtigsten Einsichten vorstellen, ehe wir das WQS auflösen. Wir verdanken nämlich der extrem geduldigen Forschung dreier Menschen in drei Ländern **Einsichten, die vom Schulsystem in vielen industrialisierten Ländern nach wie vor mißachtet werden.** Den Grad der Mißachtung können wir am PISA-Ergebnis regelrecht „ablesen". Um nur ein Beispiel zu nennen:

 Je jünger die Kinder sind, die wir in „bessere" oder „schlechtere" Schulsysteme SORTIEREN, desto katastrophaler sind die Auswirkungen.

Kinder sortie- ren??

Hinter der extrem frühen AUSLESE in Deutschland steht z. B. die irrige Annahme, Kinder müßten sich „altersgemäß" entwickeln. Demzufolge müßte ein Kind, das sich für „höhere" Bildung eignet (das also intelligenter ist als andere), sich im Alter von 10 Jahren bereits so weit entfaltet haben, daß man diese Entscheidung bereits jetzt treffen könnte. Dabei steht seit über 100 Jahren fest: **Das ist völliger Unsinn!** Diese Erkenntnis verdanken wir **Alfred BINET** (Frankreich), **Maria MONTESSORI** (Italien) und **Glen DOMAN** (USA). Alle drei stellten fest, daß Kinder sich NICHT synchron entwickeln (die ersten beiden (BINET und MONTESSORI) unabhängig voneinander, und zwar zeitgleich, der dritte (DOMAN) 50 Jahre später):

1. Alfred **BINET** wurde (ca. **1903**) von der französischen Regierung gebeten, Tests zu entwickeln, mit deren Hilfe man einigermaßen zuverlässig abschätzen könne, welche Kinder GEEIGNET seien, im Schulsystem zu reüssieren. So begann eine Entwicklung, die Jahrzehnte später zu den sogenannten I.Q.-Tests führen sollte. Diese wurde von deutschen und amerikanischen Wissenschaftlern vorangetrieben, die bewußt gegen die Forschungsergebnisse von BINET verstießen, z. B. weil sie den sogenannten **I.Q.** (Intelligenz-Quotient) **bewußt mit dem Alter der Person verbanden**, wiewohl dies eine der Überraschungen war, mit denen BINET nicht gerechnet hatte. Er hatte nämlich herausgefunden, daß **die Entwicklung der Kinder nicht altersmäßig festgeschrieben werden kann!** Gemäß dieser Einsicht BINETs ist die relativ neue Gewohnheit (s. Rand), Kinder altersmäßig zu sortieren, **absurd**. Sie basiert, wie schon erwähnt, auf der falschen Annahme, Kinder müßten sich **ab ihrer Geburt synchron** entwickeln. Aber das **Gegenteil** ist der Fall: Zwar hat die Natur die REIHENFOLGE **einiger Lernphasen** festgelegt (z. B. werden wir nach der Geburt **erst** liegen, **dann** sitzen, **dann** krabbeln, **dann** stehen, **dann** gehen etc.), aber es gibt auch andere Lernphasen, deren **Reihenfolge NICHT festgelegt** ist. So lernen manche Kinder erst lesen, später schreiben, während andere vom SCHREIBEN zum LESEN fortschreiten (s. Seite 70). Interessant ist auch ein weiterer Aspekt der Arbeit BINETs: Seine Tests sollten möglichst **unabhängig von Wissen** sein. Die Idee dahinter (Sprache unterscheidet

Das altersmäßige SORTIEREN von Kindern hat in der gesamten Menschheitsgeschichte vorher niemals stattgefunden.

den Menschen vom Tier) führte zu BINETs Zielstellung, **Kinder anhand ihrer Sprachfähigkeit zu beurteilen**. Dabei ging er von folgender Annahme aus: **Je differenzierter das Sprachvermögen, desto differenzierter die Denkfähigkeit.** Deshalb waren die ersten Tests hauptsächlich verbaler Natur. Dann stellte BINET jedoch fest, daß Mädchen BESSER abschnitten als JUNGEN. Das fanden spätere Test-Entwickler so schlimm, daß sie lange herumprobierten, bis die Leistungen von JUNGEN im Schnitt höher lagen als die von Mädchen. Das ist der Grund, weshalb I.Q.-Tests so viele Aufgaben zum räumlichen Vorstellungsvermögen enthalten und weshalb sich die irrige Annahme, Männer seien intelligenter als Frauen, so lange als angeblich wissenschaftlich erwiesen halten konnte. Tatsache ist, daß Männer ANDERS denken und daß sie daher in **einigen** Bereichen durchaus besser abschneiden, während Frauen in der Regel **sprachlich** kompetenter sind. Wir sprechen natürlich vom statistischen Schnitt, es gibt immer einzelne Menschen, die anders gelagert sind. Solange man allerdings behauptet, die erhöhte weibliche Sprachkompetenz gehe unbedingt mit einer höheren Denkfähigkeit einher, solange wird die Forschung zu diesem wichtigen Thema nicht den Anspruch erheben können, wissenschaftlich zu sein. BINET würde sich im Grab umdrehen, wenn er wüßte, welchen Mißbrauch seine „Nachfolger" mit seiner Arbeit treiben, indem seine beiden wichtigsten Erkenntnisse ins Gegenteil verkehrt wurden.

Vgl. meinen DVD-Live-Mitschnitt „Männer/Frauen, Jungen/Mädchen – wie sie lernen" sowie bezüglich der Kinder mein fast gleichnamiges Buch „Jungen und Mädchen: wie sie lernen".

2. Maria **MONTESSORI** arbeitete ebenfalls Anfang des 20. Jahrhunderts mit Kindern. Sie wollte eigentlich Ingenieurwissenschaften studieren, durfte aber als Frau nur in die medizinische Fakultät eintreten, und so wurde sie eine der ersten Ärztinnen der Neuzeit (es hatte in der Vergangenheit durchaus Phasen gegeben, in denen Frauen als Ärzte, Priester etc. praktizierten). Nach ihrem Abschluß stieß sie auf die Arbeit zweier Ärzte, die begonnen hatten, neue, vielversprechende Behandlungs-Methoden für **hirngeschädigte Kinder** zu testen (s. Kasten Seite 68).

> Montessori unternahm im gleichen Jahr eine Reise nach Paris. Sie las dort von den Ergebnissen der französischen Ärzte SÉGUIN und ITARD, die sich mit schwachsinnigen und taubstummen Kindern beschäftigt hatten, und kam zu der Erkenntnis, dass man die sinnliche Wahrnehmung durch spezielle Übungen anregen müsse. SÉGUIN hatte bereits einige solcher Übungen entwickelt. Auch hatte er versucht, der Öffentlichkeit bewußt zu machen, daß es sehr sinnvoll sei, solche „Idioten" zu fördern und zu bilden.
> (Quelle: http://www.montessori-saarland.de)

MONTESSORI beschäftigte sich weiter mit dem Thema, und nach einigen Jahren schafften einige der Kinder trotz erheblicher Hirnschäden intellektuelle Leistungen, die sehr nah an die normaler Kinder heranreichten (was damals völlig unglaublich schien). Nun hätte sich ein anderer Forscher vielleicht auf die Brust geklopft und gesagt „Unsere Behandlung dieser speziellen Kinder ist eben brillant!", aber sie folgerte das Gegenteil: **Wie armselig muß das, was das System normalen Kindern anbietet, sein, wenn unsere hirngeschädigten Kinder mit unserer speziellen Behandlung an die Leistungen (fast) herankommen.** Dieser Gedanke ließ sie nicht mehr los, und so führte ihre jahrelange Entwicklungsarbeit letztlich zu dem auch heute immer noch wesentlich besseren MONTESSORI-System, dessen Ergebnisse das normale Regelschulsystem auch 100 Jahre später noch immer nicht erreicht! Hier lautet das oberste Gebot, Kindern zu helfen, **Dinge allein zu tun**, ihnen also **Autonomie** zuzugestehen. Diese Einstellung ist das genaue Gegenteil der normalerweise üblichen Kolonialmachts-Einstellung, die dazu führt, daß wir die Kinder infantilisieren und wie „Eingeborene" behandeln, statt sie zu **fordern** und **fördern**. Dasselbe gilt übrigens auch für die **Menschenführung** (z. B. in Firmen), weshalb ich den Managern in meinen Management-Kollegs ihre Kolonialmachts-Haltung regelmäßig vorwerfe. Sie führt zu De-Motivation im Arbeitsleben wie in der Schule. Sie behindert die Entfaltung von Intelligenz und Kreativität, Innovationskraft und Arbeitsfreude sowie der Geisteskraft...

3. Glen **DOMAN** begann Mitte der 1950er Jahre in den USA ebenfalls mit hirngeschädigten Kindern zu arbeiten. Seine Erfahrungen glichen denen von MONTESSORI, weil auch hier die Leistungen der „behinderten" Kinder nach einigen Jahren Spezialbehandlung an die von normalen Kindern heranreichten. Das veranlasste auch ihn dazu, sich darauf zu konzentrieren, wie **ELTERN** normalen Kindern **bessere** Chancen geben können. Eines seiner Bücher („Teach your Baby to read") ist ein Welterfolg: Hier zeigt er, wie man mit minutenweisen „Sessions", in denen Buchstabenspiele gespielt werden, Kleinkinder an das Lesen heranführt.

> Interessanterweise lernen auch die meisten Kinder, die ein „MONTESSORI Kinderhaus" besuchen, viel früher das Lesen und/oder Schreiben als „normale" Kinder außerhalb dieses fördernden Umfelds, wobei eine weitere Regel dafür sorgt, daß die Kinder Dinge zu einem Zeitpunkt lernen, zu dem sie **von sich aus Interesse daran zeigen**. Ebenso spannend ist die Tatsache, daß auch DOMAN eindeutig herausfand, daß die Entwicklung von Kindern **keinesfalls synchron** verläuft. Das heißt: Wir müssen den offiziellen Angaben, was ein Kind in einem bestimmten **Alter** angeblich können soll, im Schnitt ein „plus/minus 3,5" hinzufügen.

Im Klartext: Erwartet man von einem 9jährigen, daß er eine bestimmte Tätigkeit ausführen kann, dann wird es Kinder geben, die dies bereits 3,5 Jahre früher (also mit 5,5 Jahren) schaffen, und andere, die es erst 3,5 Jahre später (also mit 12,5 Jahren) können. Dies – und **das ist das WESEN-tliche** – ist **NORMAL**, das heißt, es entspricht **den Normen, die sich in jahrelangen Versuchsreihen** (in vielen Ländern) **ergeben haben.**

> Trotzdem sortieren wir noch immer die Kinder nach ihrem Alter und produzieren so ca. 30 % mehr „Lernbehinderte" als nötig.

Und niemand regt sich auf! Keine Lehrkräfte protestieren! Keine Eltern steigen auf die Barrikaden! Warum? Weil Politiker, Lehrkräfte und Eltern **sich NICHT wirklich mit der Forschungsarbeit befassen**. Es gibt sogar Leute, die davon ausgehen, daß unser Schulsystem BEWUSST dafür sorgt, daß Kinder aus sogenannten bildungsfernen Familien automatisch AUSSORTIERT werden. Das würde jedenfalls erklären, warum wir in Deutschland bei PISA-TESTS in einem Punkt regelmäßig SIEGEN. **Er heißt sozio-ökonomische Distanz:** Wir halten alle sozial (oder finanziell) nicht so „wertvollen" Kinder auf DISTANZ...

Wenn ich in Eltern-Seminaren über solche Dinge spreche, reagieren manche Mütter und Väter sehr ungehalten auf meine Behauptung, sie böten ihren Kindern nicht genügend Entwicklungschancen. Nur ein Beispiel: Es gibt zahlreiche Hinweise darauf, daß Kinder im Alter von ca. 2,5 bis 3,5 Jahren zuerst **LESEN** lernen (vgl. DOMAN), weil das Gehirn in dieser Phase u.a. auf **das Erkennen von FORMEN** ausgerichtet ist, während Kinder, die zu spät (nämlich erst in der Schule) zur Lese- und Schreibkultur hingeführt werden, leichter **vom Schreiben zum Lesen** schreiten (vgl. die REICHEN-Methode). DOMAN berichtet darüber, daß die Kleinen in dieser **Form-Erkennungs-Phase** Namen von Produkten (z. B. Coca-Cola) **erkennen**, weil sie **den besonderen Schriftzug** mit dem **Klangbild verbinden** – denn beides haben sie in TV-Spots gesehen und gehört. (DOMAN weist auch darauf hin, daß Wörter in der Werbung meist GROSS und BUNT geschrieben werden, also optimal für den Lernprozeß sind, während die Wörter in Schulbüchern viel zu früh viel zu klein werden!). Wenn nun z. B. der dreijährige Tommy beim Autofahren den einen oder anderen Produkt- oder Markennamen von großen Plakatwänden „abliest", dann gehen Erwachsene von der „bekannten" Annahme aus, daß Kinder noch keine Buchstaben erkennen können (das ist zwar richtig, aber sie erfassen die GESTALT des Gesamt-Wortes). Da Eltern Lesen aber in der Regel mit der Fähigkeit gleichsetzen, **jeden** einzelnen Buchstaben zu „verstehen", halten sie es für **UNMÖGLICH, daß das Kind von sich aus beginnt, sich das Lesen beizubringen**. Das tun Kinder aber, wenn wir es zulassen (nicht nur in MONTESSORI-Kinderhäusern!). Allerdings fördern 95% der Eltern diese aufkeimende Fertigkeit **nicht**. Im Gegenteil, oft zerstören sie diese, indem sie z.B. lachen und (vielleicht sogar abfällig) sagen: „Hast du das gehört? Tommy tut so, als könne er lesen...!" So lernt **Tommy sehr schnell, daß er damit nicht punkten kann**, und sein Interesse verfliegt. Das Ergebnis: Dieser Teil seines Potenzials wird, wie so viele andere brillante Ansätze, nicht „wachgeküßt" (s. Seite 16).

Halten wir fest:

- Moderne I.Q.-Tester* gehen davon aus, daß **das, was sie messen**, angeboren ist.
- Ihre Tests basieren auf der Annahme, daß alle **Kinder sich von Geburt an synchron** entwickeln (deshalb wird das Alter immer in das Ergebnis hineingerechnet).
- Sie messen die Fähigkeit, **in einem Regelschulsystem zu reüssieren**. **Hohe I.Q.-Leistungen** gehen tatsächlich oft mit **guten Noten** einher (vgl. Merkblatt 2, Seite 155f.).
- Pikanterweise wurden **I.Q.-Tests so lange manipuliert**, bis der **Eindruck** entstand, Männer seien „intelligenter" als Frauen; dieses Gerücht hält sich auch heute noch hartnäckig. Tatsache ist: Männer schneiden in reinen Paukfächern (wie Medizin, Jura, Chemie) etwas besser ab, weil Frauen sich mehr für die (Hinter-)Gründe interessieren und deshalb stärker via **Begreifen** lernen. Insofern ist es auch nicht verwunderlich, daß seit der Jahrtausendwende mehr Studentinnen in den Geisteswissenschaften eingeschrieben sind, also in klassischen **Denk-**

---

* Über die I.Q.-Test-Entwicklung von BINET und seinen „Nachfolgern" (die ihm ja weitgehend NICHT folgten, seinen Namen also mißbrauchten) haben MOIR und JESSL in ihrem spannenden Buch „Brain-Sex" einiges zu sagen.

Fächern, während Männer in den „harten" Naturwissenschaften (in denen man am Anfang viele Jahre lang Fakten „büffeln" muss) noch in der Mehrzahl sind.
- Das Konzept der **INTELLIGENZ nach PERKINS** (unser nächster Abschnitt) ist m. E. weit besser geeignet, uns erfolgreicher und zukunftstauglicher (für die Wissens-Gesellschaft) zu machen!

Das WESEN von INTELLIGENZ (nach Dave PERKINS)

Normalerweise fragen wir „Ist **Intelligenz angeboren** oder **erworben**?" und gehen dabei von **zwei** Faktoren aus: **genetisch** und **umweltbedingt**. PERKINS jedoch kam (nach über 40 Jahren Forschung) zu einem **überraschenden Ergebnis**. Auf die Frage „**Wie viele Faktoren beeinflussen** unsere alltägliche **Intelligenz?**" antwortet er: **Drei.** Und auf die Frage: „**Wie viele** dieser Faktoren sind **genetisch** bedingt, also **unveränderbar?**" erfahren wir: Nur **einer**. Im Klartext: Selbst wenn wir in dem unveränderlichen Aspekt von der Natur nicht besonders großzügig bedacht worden wären, könnten wir immer noch zwei von drei Faktoren selbst beeinflussen, könnten also an zwei der drei „Rädchen drehen". Schauen wir uns also diese „Rädchen" einmal näher an...

Vgl. Quizfragen 1 und 2, Seite 42.

1. GENETISCH ANGEBOREN: die Geschwindigkeit, mit der Neuronen „feuern".

1. NEURONALE GESCHWINDIGKEIT

Es geht um das **Tempo**, mit dem unsere Neuronen **feuern**. Dies kann nicht bewußt beeinflußt werden, zumindest nicht ohne DOPING fürs Gehirn. Vielleicht wird es in einigen Jahren entsprechende Mittel geben, aber heute gilt: Das ist das „Rädchen", an dem wir **nicht** drehen können. Das Bild symbolisiert zwei Neuronen, die miteinander kommunizieren, und zwar indem ein Signal den sogenannten synaptischen Spalt überwindet. Natürlich ist dieser Spalt in unserem vollgestopften Gehirn kein wirklicher Abstand. Es handelt sich vielmehr um eine wissenschaftliche Metapher, mit der man ausdrücken will, daß es am Ende eines Neurons zu einer BIOCHEMISCHEN Aktion kommen muß, damit der „Sprung" zum nächsten Neuron gelingt. Auch hier können wir wieder ein Spektrum aufspannen:

Wer neuronal SCHNELL veranlagt ist, kann schnell „schalten". Diese Menschen schneiden auch bei I.Q.-Tests oft sehr gut ab, so daß wir eine gewisse Korrelation zwischen PERKINS erstem Faktor und dem sogenannten I.Q. sehen können. Aber es gibt noch zwei weitere „Rädchen", an denen wir – wie wir gleich noch sehen werden – sehr wohl „drehen" können, um unsere Intelligenz zu vermehren. Und damit entfernen wir uns vom klassischen I.Q.-Konzept. Das drückt übrigens auch der Titel seines Buches aus; PERKINS nannte es „OUTSMARTING I.Q."*.

Erste praktische Auswirkungen

Wer neuronal LANGSAM ist, merkt das in besonderem Maße an dem Tempo, mit dem er NEUES lernt. Wie wir mit bereits BEKANNTEM umgehen, werden wir beim zweiten „Rädchen" sehen, neuronal LANGSAM bezieht sich immer auf NEUES. Nun ist das genau der Moment, in dem es auffällt, wenn man länger braucht als andere, wenn man langsamer arbeitet, wenn man mehr Zeit benötigt, um etwas zu verstehen oder zu können. Nachdem ich begriffen hatte, daß ich betroffen bin (ich war schon über 50 Jahre alt), erkannte ich zum ersten Mal, warum ich mich intuitiv am liebsten „verstecken" wollte, wenn es galt, NEUES zu lernen. Auch wurde mir klar, warum ich ebenso intuitiv in der Schule immer „geschummelt" hatte: weil ich dem Unterricht in Fächern, in denen dies möglich

---

* Dabei ist „outsmart" ein wunderbares Wortspiel: „to BE smart" heißt „clever SEIN", aber „to SMART" bedeutet auch „Schmerz erleiden". Das Verbum „to outsmart" bedeutet also SMARTER SEIN ALS SMART, aber PERKINS wußte natürlich, daß sein Ansatz dem Konzept des I.Q.-Ansatzes WEHTUN würde. (Leider wurde das Buch nie ins Deutsche übersetzt, aber falls es noch passiert, bin ich sehr gespannt, wie man den Titel ins Deutsche transportieren wird.)

In der „Denkblase" über der gezeichneten Figur (auf www.birkenbihl.de) finden Sie 8 Videospots, in denen ich SchülerInnen zeige, wie sie trotz Schule ohne Vokabel-Pauken Sprachen lernen können (und zwar mit dem Lehrbuch aus der Schule).

war, oft ein wenig vorauseilte. Dafür wurde ich allerdings so oft geschimpft, daß ich Jahrzehnte brauchte, um diese äußerst intelligente Strategie für Lernende „neu zu erfinden" – zuerst für SchülerInnen, die TROTZ SCHULE Fremdsprachen lernen wollen (vgl. DVD und Taschenbuch „Sprachenlernen leicht gemacht"), und später auch für andere Fächer. Hätte man mir das damals nicht immer wieder **verboten**, wäre mein Leben sehr anders verlaufen. Deshalb ist es wichtig, in der Schule nichts zu verraten. Es klingt absurd, aber man muß in manchen Klassenzimmern regelrecht SUBVERSIV vorgehen, um TROTZ Schule (bzw. trotz anwesender Lehrkräfte) gut lernen zu können. Und das Traurigste daran ist, daß ich hier von Lehrkräften spreche, die es gut meinen (die wenigen Sadisten sind NICHT mein Thema, sondern die vielen, die es gut meinen und das Lernen trotzdem erfolgreich verhindern; vgl. mein Buch „Trotzdem LEHREN" und/oder meine DVD „Genial lernen/lehren").

Nun ist das Tempo, mit dem unsere Neuronen feuern, ANGEBOREN. Wenn langsame (schnelle) Eltern auch langsame (schnelle) Kinder hätten, wäre vieles einfacher. Sind die Eltern jedoch anders „gelagert", dann besteht die große Gefahr, daß eine Anlage zu einem echten Problem wird – und zwar unnötig, nur aus UNKENNTNIS.

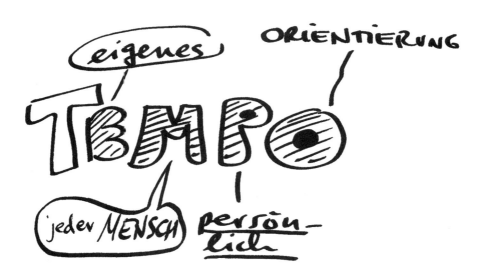

Dann passiert es nämlich oft, daß schnelle Eltern, Lehrkräfte, Ausbilder oder Chefs **von ihrem eigenen Tempo auf das anderer schließen** und ihre Kinder (SchülerInnen, MitarbeiterInnen etc.) für langsam, langweilig etc. halten (was sie häufig genug auch zum Ausdruck bringen!). Aber auch die umgekehrte Konstellation kann problematisch sein: Nicht selten halten langsame Eltern (Ausbilder, Lehrkräfte, Chefs etc.) schnelle Kinder (SchülerInnen, MitarbeiterInnen etc.) für SEICHT, OBERFLÄCHLICH etc., weil sie sich nicht vorstellen können, daß es Leute gibt, die tatsächlich schnell und (einigermaßen) TIEF denken können.

Tempo

Wie gesagt, das Etikett **LANGSAM** bezieht sich auf ERSTE Kontakte zu **NEUEM**, also z. B. wenn in der Schule (oder im Arbeitsleben) neue Themen behandelt werden. Aus demselben Grund haben neuronal Langsame Probleme mit **unerwarteten Entwicklungen im Leben**. Sie „hassen" es, wenn Dinge nicht wie vorgesehen „laufen", wenn jemand zu spät kommt, wenn jemand etwas nicht planmäß abliefert, wenn jemand „unzuverlässig" ist, etc. Warum? Weil sie nicht schnell genug „neu denken" können und deshalb **nicht flexibel reagieren** können.

unerwartet?

Flexibilität erfordert Zeit. Sie teilen mir beispielsweise mit, daß Sie das Dokument heute nicht wie vereinbart dabeihaben. Das wäre kein Problem, wenn Sie die nächsten 8 Minuten wie eine Statue stehen blieben, damit ich in Ruhe überlegen kann, wie ich weiter vorgehen will. Aber das tun Sie nicht! Sie teilen mir mit, daß der Plan geändert wurde, und ich muß damit klarkommen, was ich nicht kann. Demzufolge kann meine Abwehr brüsk, „unhöflich", barsch etc. wirken. Wir neuronal Langsamen reagieren dann mit Streß. Dieser aber führt zu Denk-Blockaden, so daß wir NOCH SCHLECHTER DENKEN KÖNNEN, weil uns die Streß-Hormone noch langsamer machen, als wir ohnehin schon sind... Seit ich diese Zusammenhänge kenne, habe ich vor allem den schnellen Denkern in meinem Umfeld davon erzählt, damit sie meine Reaktionen, wenn „es passiert", besser verstehen können. Das nimmt auch einen Teil des Drucks.

TIP: Planänderungen vorab per Telefon, Fax, e-mail etc. ankündigen, damit neuronal Langsame eine Chance haben, sich vor dem eigentlichen Gespräch oder Meeting darauf einzustellen.

Wenn wir bedenken, wie groß die Verantwortung der Lehrenden, Eltern und Führungskräfte ist und daß es möglich ist, Kinder für den Rest ihres Lebens zu schädigen, wenn man ihr Tempo (das sie nicht ändern können) angreift, dann erkennen wir, wie wichtig es ist, etwas über die neuronale Geschwindigkeit (der eigenen, wie der anderer) zu wissen. Ich selbst habe erst nach meinem 50. Geburtstag davon erfahren, und es hätte mir viel Leid erspart, hätte ich es eher gewußt...

2. ERWORBEN: (Erfahrungen und Gelerntes) unser Wissens-Netz.

2. Erfahrungen und Wissen

Meine „alten" LeserInnen kennen mein Denk-Modell des **Wissens-Netzes**: jeder Faden eine Info; je mehr wir wissen, desto größer das Netz; es ist leichter, neue Details in vorhandene Fäden „einzuhäkeln", als außen am Rand neue Fäden zu bilden... Danach erhebt sich die Frage, wie viele Fäden wir zum jeweiligen Thema in unserem Wissens-Netz haben, wenn wir **wissen wollen, ob wir etwas wissen**: keine – wenige – einige – zahlreiche. Dieses Denk-Bild kann uns helfen, den zweiten Faktor von PERKINS zu verstehen:

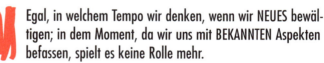

Egal, in welchem Tempo wir denken, wenn wir NEUES bewältigen; in dem Moment, da wir uns mit BEKANNTEN Aspekten befassen, spielt es keine Rolle mehr.

Auf meine Wissens-Netz-Metapher bezogen können wir sagen: Je mehr wir wissen, desto leichter können wir NEUES lernen, weil das NEUE Fäden im Wissens-Netz vorfindet, an die es **andocken** kann.

Es ist klar, daß etwas augenscheinlich NEUES so NEU nicht sein kann, wenn es auf vorhandene Fäden im Netz stößt, an denen es sich „festhalten" kann. Oft ist die „neue" Info eine wunderbare **Er-GÄNZ-ung** (indem sie bereits vorhandenes Wissen GANZ macht). Deshalb überraschen wir (neuronal) Langsamen unsere Umwelt oft, wenn wir schnell sprechen. Oder umgekehrt: Wer mich kennt, weiß, daß ich schnell spreche. Wenn ich dann im Seminar verkünde, daß ich neuronal langsam bin (das erste Mal kann man das auf dem DVD-Mitschnitt „Von nix kommt nix" mitverfolgen), gucken die TeilnehmerInnen immer vollkommen überrascht. Denn bislang ging man davon aus, daß die „Schnellen" auch die „Cleveren" sind, während PERKINS uns zwingt, dies zu unterscheiden. Denken Sie z.B. an eine Telefonistin: Sie könnte theoretisch „strohdumm" sein, wird die Begrüßungsformel aber trotzdem in einem Affentempo „herunterspulen". Hier hat sie genügend Fäden im Netz, hier wirkt sie „clever". Wenn wir sie aber nach einer Person fragen, die nicht in dieser Firma arbeitet, dann wird eine schnelle Denkerin wesentlich flotter weitersprechen als eine neuronal langsame (wir haben das getestet!).

PER-KINS

Wir können also sagen: Dinge, die wir schon kennen, sind nicht mehr NEU, und demzufolge können auch neuronal Langsame **schnell mit bereits bekannten Infos umgehen**. So kann ich z.B. bei komplexen Logik-Rätseln (in meinen Fragetechnik-Seminaren) schneller als die meisten Anwesenden sämtliche Fakten, die ich höre, miteinander verbinden und etwaige **Denkfehler rascher aufspüren** als „schnelle" Teilnehmer, die diese Art des logischen Denkens noch nicht genügend trainiert haben. Trotzdem litt ich viele Jahre in der Schule, weil dort sehr häufig ganz NEUES behandelt wird und man als neuronal langsamer Mensch sich ständig „schwertut", wenn ein Schulbetrieb zu wenig darüber weiß, was im Gehirn abläuft. Die Gehirnforschung der letzten Jahre hat zwar viel herausgefunden, aber ich kenne kaum Lehrkräfte, Eltern oder Manager, die sich bemühen, up to date zu sein... Schade. Halten wir noch einmal fest, worum es PERKINS bei diesem zweiten Aspekt geht:

- Je mehr wir wissen, desto mehr Infos können irgendwo „andocken", sind also nicht mehr 100prozentig neu, **somit nivellieren wir den Unterschied zwischen schnelleren und langsameren Denkern.**
- Je mehr wir wissen, auf desto mehr Infos (Daten, Fakten, Erfahrungen etc.) können wir zurückgreifen, wenn wir denken wollen. Also können wir **INTELLIGENTER** denken. Und das ist

das Hauptanliegen von PERKINS, deshalb nennt er sein Konzept **LERNBARE INTELLIGENZ!**

- **Je mehr wir wissen**, desto mehr Assoziationen „ergeben sich", wenn wir denken. Deshalb fällt uns mehr ein. Man könnte auch sagen „fällt uns zu" (welch ein Zufall!), so daß mehr Wissen uns auch **KREATIVER** macht!
- **Je mehr wir können** (weil wir in der Vergangenheit genügend **trainiert** haben), desto schneller können wir Infos verarbeiten, die in das Schema passen. Wir sehen hier die neuronale Grundlage für die alte Weisheit, daß Übung den Meister macht (von denen noch keiner vom Himmel gefallen ist).

Die Quintessenz von PERKINS 2

Mit Lernen bzw. Üben kann ein neuronal Langsamer jedem Schnellen voraus sein, wenn dieser faul ist. Übrigens neigen gerade die Schnellen zur Faulheit. Warum? Stellen Sie sich ihr Leben vor: In Kindergarten und Schule machen sie tausendfach die Erfahrung, daß sie alles „mit links" kapieren, daß sie ohne Hausaufgaben gut durchkommen und daß sie gute (manchmal sogar beste) Noten erzielen, wiewohl sie erst kurz vor der Prüfung ein wenig arbeiten. Gleichzeitig beobachten sie, wie manche KameradInnen sich abmühen, jeden Nachmittag stundenlang pauken, im Unterricht aktiv mitmachen (während der Schnelle unter dem Tisch eine Zeitschrift liest). Daraus schließen sie, daß es ihr Leben lang so weitergehen wird. Das aber ist ein großer Fehler, denn für alle kommt irgendwann der Punkt, da man ein wenig in die TIEFE gehen muß oder echtes Training notwendig wird, um besser zu werden. Und wenn die Schnellen diesen Zeitpunkt versäumen, dann werden sie ein „Ist-Fast-Gewesen": ein Mensch, von dem alle viel erwartet haben, von dem jeder wußte, wie clever er ist und daß aus ihm etwas werden muß – nur ist es nicht passiert. Viele von ihnen beginnen mit ca. 15 Jahren dramatisch zurückzufallen. Die Lehrkräfte ignorieren diesen Leistungsabfall meist zu lange, da sie gewohnt sind, daß diese SchülerInnen keine Hilfe benötigen, und auch die Eltern glauben, sich nicht kümmern zu müssen. Bis man endlich erkennt, was los ist, hängen sie in mehreren Fächern bereits so weit zurück, daß sie möglicherweise total de-motiviert auf einem anderen Schulsystem landen oder Schlimmeres. Die neuronal Langsamen dagegen haben früh gelernt, sich das Nötige selbst beizubringen (oder sind aus dem System „geflogen").

EINSTEIN: „Alles wirklich Wesentliche mußte ich mir selber beibringen."

Hier sehen wir übrigens einen großen Unterschied zwischen sogenannten bildungs**nahen** und bildungs**fernen** Familien: Je bildungsferner, desto größer ist die Gefahr, daß der Schnelle es später trotzdem nicht schafft. Je bildungsnaher, desto größer ist die Wahrscheinlichkeit, daß die Eltern ihn auffordern, neben der Schule etwas zu lernen, was nur durch lange Übung zu gewissen Erfolgen führt (ein Musikinstrument, ein asiatischer Kampfsport oder eine andere Sportart wie Tennis, die nur mit Training „funktionieren" kann). Dadurch erkennt der neuronal Schnelle den Vorteil des über längere Zeit „Am-Ball-Bleibens", und somit ist die Gefahr, ein brillanter „Ist-Fast-Gewesen" zu werden, weitgehend gebannt.

3. WIR KÖNNEN WÄHLEN!

PERKINS nennt diesen Aspekt **reflexive Intelligenz**, das heißt unsere Fähigkeit, über die **Methoden, Strategien, Techniken** (wie wir denken, lernen, Probleme lösen etc.) nachzudenken! Dies ist sein großer Geniestreich: **Indem wir die Methode ändern**, ändern wir die Ergebnisse und können mehr leisten. Beispiel: Warum gibt es in Deutschland so viele männliche Tanzmuffel und so viele Damen, die gern öfter tanzen würden? Weil die METHODE der Unterweisung in den Tanzschulen seit jeher FALSCH ist: Man erklärt Männern mit WORTEN, wann sie ihr Gewicht wohin zu verlagern haben, und zwingt sie, Schritte zu zählen. Nun ist aber das männliche Gehirn so ausgerichtet, daß es eine Sache ganz oder gar nicht tut, aber nicht zwei gleichzeitig. Frauen hingegen können vor, während und nach einer Tätigkeit ununterbrochen ZUHÖREN oder SELBST SPRECHEN. Also kapieren die Damen in der Tanzschule

3. STRATEGIEN: Indem wir uns für die besten Strategien entscheiden, vergrößern wir unsere Intelligenz.

Übrigens auch der Grund, warum so viele Autofahrer ohne einen Tropfen Alkohol im Blut Schlangenlinien fahren oder plötzlich sehr langsam werden: Sie bilden sich ein, sie könnten gleichzeitig fahren und telefonieren.

schneller als die Herren, mit dem Ergebnis, daß sie in der dritten Tanzstunde die Herren auf dem Parkett herumschieben. Daraufhin reagieren die TanzlehrerInnen extrem aufgeregt: Nein, nein – die Herren müssen lernen, zu FÜHREN, während die Damen lernen sollen, sich FÜHREN ZU LASSEN! Also bekommen die Herren **noch mehr Worte** (Anweisungen), während die Damen lernen, sich führen zu lassen (sich zu entspannen). Am Abschlußabend tanzen die Damen dann selig in den Armen der Herren, die immer noch verbissen ihre SCHRITTE ZÄHLEN. Was glauben Sie: Kommen die Herren sich besonders CLEVER vor? Oder könnten sie ein wenig „tanz-unintelligent" wirken? **Mit dieser Methode lernen nur wenige Herren, das Tanzen wirklich zu LIEBEN.** Die Folge: Sie werden hinterher zwar den obligatorischen Tanz auf Hochzeits- und Jubiläumsfeiern absolvieren, aber nicht freiwillig tanzen – und dafür üben. Allerdings wissen wir ja: Ohne Üben geht es nicht...

Wenn aber dieselben Herren im Urlaub die Chance haben, jenen griechischen Tanz zu lernen, den man seit „Alexis Zorbas" fälschlicherweise als SIRTAKI bezeichnet (so daß die Griechen ihn wegen der Touristen inzwischen auch so nennen müssen), dann wird ihnen kein Grieche erklären, wohin sie ihr Gewicht zu verlagern haben. Man wird sie einfach einladen, durch ZUSCHAUEN, MITMACHEN und NACHMACHEN zu lernen. Und dann macht ihnen das auch Spaß! Natürlich könnte man die klassischen Tänze genauso unterweisen, am besten die HERREN zuerst allein (einige Stunden VORLAUF). Während dieser Zeit sollten die Trainer (ähnlich wie bei Aerobic-Kursen) alle Schrittfolgen immer wieder vortanzen. So könnten die Lernenden entscheiden, wie lange sie zuschauen und ab wann sie mitmachen wollen. Diese Methode entspräche nicht nur der Arbeitsweise des Gehirns, sondern sie würde auch die Lust der Herren wecken, tanzen zu lernen – und später auch weiter zu tanzen.

Das meint PERKINS, wenn er betont, wie wichtig es ist, die WAHL zu haben. Wenn wir mit etwas nicht klarkommen, sollten wir nicht gleich sagen „Kann ich nicht", sondern lieber die Methode ändern. Also ist es Teil unserer Aufgabe, **andere Methoden zu recher-**

chieren, zu testen und dann die (für uns) **beste zu finden**. Wir können weit mehr lernen, als wir für möglich halten, wenn wir mit verschiedenen Techniken experimentieren!

Interessanterweise tut man das **in allen Bereichen des Lebens, mit Ausnahme des Schulsystems**. Wenn jemand z. B. erfährt, daß ein Nachbar einen Trick gefunden hat, mit dem man besser GRILLEN kann, will er diesen Trick LERNEN und anwenden, er will also INTELLIGENTER GRILLEN. Hört jemand von einem Kollegen, der etwas geschafft hat, das ihm bisher nicht gelungen ist, dann möchte er wissen, wie der Kollege das gemacht hat (und HOFFT, daß dieser es ihm verraten wird). Bekommen Sie mit, daß eine Freundin nach der BIRKENBIHL-Methode Fremdsprachen lernt und daß dabei Vokabel-Pauken VERBOTEN, Grammatik jedoch erlaubt (aber nicht nötig) ist, dann könnte Sie das vielleicht interessieren? Insbesondere wenn die Freundin Ihnen verrät, daß sie in der Schule immer dachte, sie hätte absolut kein Sprachtalent. Nun sind Sie neugierig, richtig? Es ist auch sinnvoll, neugierig zu sein. Überall wollen Leu-

Normalerweise tun wir das – nur in der Regelschule nicht!

> Andere Techniken werden via PATENT geschützt; wer sie anwenden will, muß sogar bezahlen.

te erfahren, wie andere Dinge besser machen. Dementsprechend ist das Hauptziel der meisten Seminare, geeignete Patent-Rezepte (Techniken, Methoden, Strategien etc.) anzubieten. Diese Neugierde führt sogar dazu, daß Firmen neue Methoden, Technologien, Erfindungen etc. regelrecht **verstecken** (Pläne im Safe) und ver-HEIMLICH-en müssen, **weil die Konkurrenz sie sonst nachahmen und ähnlich erfolgreich werden würde** (s. Rand).

Und die Schule? Da kümmert sich kaum jemand darum, was an Privatschulen oder in Pilotprojekten so gut „funktioniert", daß sogar sogenannte „SchulversagerInnen" es zum Abi bringen können. Man kümmert sich nicht darum, daß SchülerInnen, die ein Instrument spielen, in allen Fächern besser werden, weil das regelmäßige Üben eine positive Wirkung auf die Lernfähigkeit im Allgemeinen hat (Stichwort NEURO-GENESE, vgl. Seite 143ff.). Hinzu kommt, daß das Spielen im Orchester auch noch die soziale Kompetenz stärkt. Ebenso kümmert es niemanden, daß sich Theater-Projekte in Schulen international außerordentlich bewährt haben. Hier können die „Stillen" im Hintergrund wirken (z. B. als Beleuchter, Kulissenmaler, Kostümdesigner etc.), während andere kleinere oder größere Rollen auf der Bühne übernehmen, das Drehbuch erarbeiten, das später zu druckende Programm erstellen... Auch hier lernen Schüler einmal pro Jahr, wie es ist, Teil eines großen Projekts zu sein. Und auch diese Aktivitäten strahlen auf die Lernleistungen im allgemeinen aus. Sie stärken das Wir-Gefühl der SchülerInnen und LehrerInnen, das Wir-Gefühl aller Schul-Mitglieder (gegen die Welt da draußen), das Wir-Gefühl von Schule und Eltern etc., etc. Ich könnte das ganze Buch mit Ideen füllen, die Schulen bei uns NICHT aufgreifen, weil sie **PERKINS 3** nicht kapiert haben: Wechsle die Methode, und die Leute werden INTELLIGENTER!

> PER-
> KINS 3

Also werden wir wohl auch weiterhin beobachten müssen, wie viele der SchülerInnen zum Nachhilfeunterricht gehen (meist wegen der Muttersprache und Fremdsprachen). Allerdings können (bzw. wollen) bildungsferne Familien sich das nicht leisten, und so benachteiligt unser Bildungssystem gerade jene Kinder, denen die

Schule eigentlich bieten sollte, was sie zu Hause **nicht** bekommen. Und statt etwas zu ändern, geht man weiterhin davon aus, die Schüler müßten wohl desinteressiert, faul etc. sein.

Vgl. mein Büchlein „Eltern-Nachhilfe".

Es gehört seit Jahrzehnten zu meinen Tätigkeiten, nachzuweisen, daß es auch anders geht. Allerdings muß ich sagen, **daß das Interesse von Lehrern, den Sprach- (und Sprachen-)unterricht zu verbessern, fast bei null liegt**. Wiewohl meine Sprachlern-Methode die erste Methode war, die ich „fertig" entwickelt hatte (sie wurde 1985 publiziert), tut sich auch heute noch auf diesem Gebiet nichts. Es scheint wichtiger, zu behaupten, meine Methoden könnten nicht funktionieren, statt PILOT-Projekte zu initiieren. In Österreich und in der Schweiz passieren diese Dinge, demnächst auch an einer Schule im Osten Deutschlands, nur in Süddeutschland (meiner Heimat) – nichts. Die Tatsache, daß die **wenigen Lehrkräfte**, die es probieren, auf einmal weit „intelligentere" und interessiertere (!), das heißt auch motiviertere SchülerInnen im Klassenzimmer erleben, ist dann die Sahne auf dem Kuchen.

Meine Kunden in Industrie und Wirtschaft hingegen wissen die Methode seit langem zu schätzen. Sie lernen heute als Erwachsene nicht nur eine Sprache mit Freude und Erfolgserlebnissen, sondern, viel wichtiger, sie erleben auch, **daß sie fähig sind, Sprachen zu lernen**. Denken Sie mit: Wenn alle, die glauben, kein Sprachtalent zu haben, tatsächlich keines hätten, dann ergäbe dies eine extrem seltsame Besonderheit in Europa: Gott muß alle sprachlich Begabten in den Benelux-Ländern erschaffen haben, denn dort sind viele Menschen zwei-, drei- oder sogar viersprachig. Doch so verwunderlich ist das gar nicht, wenn wir bedenken, daß in den Benelux-Staaten (wie auch im Pisa-Siegerland Finnland) im Fernsehen und im Kino NICHTS SYNCHRONISIERT wird. Das heißt, man **HÖRT** ständig fremde Sprachen (gut für das Fremdsprachenlernen), während man die eigene **LIEST** (gut für die Verbesserung der Lesefähigkeit in der Muttersprache). Hinzu kommt, daß man diese Inhalte weit **lieber** liest als langweilige Texte aus einem Schulbuch

und daß man sie genau **JETZT** lesen **WILL** (und nicht, weil jemand sagt: „Lies das jetzt").*

Inzwischen haben wir auch die dritte und vierte WQS-Frage von Seite 42 beantwortet:

Frage 3: **An wie vielen „Rädchen" können wir „drehen", um unsere Intelligenz zu vermehren?**

Wer sich intensiver mit dieser Frage beschäftigen möchte, sollte mit dem Buch von PERKINS („Outsmarting I.Q.") beginnen und sein Konzept der LERNBAREN INTELLIGENZ näher erforschen. Dabei stoßen Sie dann auf alle wissenschaftlichen Hintergründe und weitere Quellen.

Antwort: An den „Rädchen" **Wissenserwerb** (PERKINS 2) und **Wahl unserer Methoden** (PERKINS 3). Bei der Wahl geht es allerdings um **zwei** Aspekte: die Methodenwahl im gerade erwähnten Sinne (funktioniert eine Methode nicht, dann suchen wir eine bessere) und das Konzept der „erlernten Hilflosigkeit", das maßgeblich von Martin SELIGMAN erarbeitet wurde (s. Seite 165ff.).

Frage 4: **Wie können wir diese Faktoren günstig beeinflussen?**

Antwort: Durch **lebenslanges Lernen (bzw. Training)** und gezieltes **Suchen, Testen und Auswählen besserer Methoden**.

Kreativität

Sicher haben auch Sie schon gehört, wie kreativ **Kinder** sein sollen. Es gibt Studien, die besagen, daß 80 bis 90% der Kinder im Vorschulalter hochkreativ sind und daß diese Zahl im Alter von 6 bereits auf ca. 30 bis 35% schrumpft. Ab einem Alter von 7 liegt sie schließlich nur noch bei ca. 5 bis 10%. Das traurige Fazit dieser Stu-

---

* Ähnliche Effekte kann man auch im Unterricht erzielen. Vgl. dazu neben dem allgemeinen DVD-Live-Mitschnitt und dem gleichnamigen Buch „Sprachenlernen – leicht gemacht" einen im Markt nicht erhältlichen DVD-Mitschnitt für Lehrkräfte und Schulen („Sprachenlernen + Neurogenese"). Darin erleben Sie eine Sitzung unserer Pilot-Lehrergruppe, bestehend aus deutschen, österreichischen und schweizerischen Lehrkräften, die NEUES immer lange vor der Veröffentlichung erfährt. Auf dieser DVD geht es speziell um die Tatsache, daß und wie wir mit Sprach-/Sprachenunterricht die Gehirne unserer Kinder „dichtmachen" bzw. wirklich öffnen können! Nähere INFOS erhalten Sie per E-Mail: info@bauchhirn.de.

dien lautet dann immer: „Und so bleibt es für die meisten – ein unkreatives Leben lang!" Leider werden hier jedoch Äpfel und Birnen in ein und denselben Topf geworfen, wiewohl die sogenannte Kreativität von Kindern eine völlig andere „Frucht" ist. Wollen wir uns dazu zwei Fragen ansehen:

1. Was zeichnet die **Kreativität eines Erwachsenen** aus? Was meinen Sie?

_____

_____

_____

2. Inwieweit unterscheidet sich die **kindliche Kreativität** von der eines Erwachsenen?

_____

_____

Stellen Sie diese **beiden** Fragen mehreren Menschen, werden die meisten Beteiligten schnell merken, daß es sich dabei um **unterschiedliche Prozesse** handelt:

Bei Erwachsenen besteht das kreative Element einer „kreativen Leistung" m.E. aus drei Aspekten, die wir uns anhand eines Malers und Bildhauers bewußtmachen wollen:

1. Originalität: Der Künstler zeigt uns **seine ganz persönliche Welt** (dasselbe gilt für gute Romane, große Theaterstücke etc.). Jeder Mensch sah die Welt einst ganz „persönlich" (individuell), aber im Laufe der Zeit lernte er, sie so zu sehen wie andere. In dem Maß, in dem uns die Welt „erklärt" wird, gleichen sich die Wahrnehmungen untereinander an, so daß wir bald eine sehr ähnliche Welt sehen. Dies gilt besonders für einzelne Untergruppen der Gattung Mensch. Es gibt beispielsweise nationale Unterschiede sowie Unterschiede zwischen Sub-Gruppen innerhalb eines Landes. Abweichler sind Menschen, die die Welt anders wahrnehmen als ihre Sub-Gruppe. Da dies jedoch den Gruppen-Zusammenhalt gefährdet, bekämpft man sie. Nur einigen wenigen gesteht man zu, „anders" zu sein, z. B. Künstlern. Durch ihre Augen ahnen wir, wie die Welt noch sein könnte. Sie sind kulturell extrem wichtig, denn sie spielen ein wenig die Rolle des Hofnarren, der unsere alltägliche Wirklichkeit in Frage stellen darf. **Sie halten uns den Spiegel vor** – wie z. B. Till EULENSPIEGEL. Aber all die anderen, die macht eine Gesellschaft unbarmherzig „normal", weil es dem Überleben dient. Lediglich der Grad an „Normalität", der jeweils erzwungen wird, variiert von Gruppe zu Gruppe und von Epoche zu Epoche. Es ist bezeichnend für unsere Gesellschaft, daß man heute eine sehr laxe Kleiderordnung hat, während diese im Mittelalter extrem streng war. 75 % der Bevölkerung arbeiteten in der Landwirtschaft und ihnen waren nur erdbraune und beige Klamotten erlaubt und an Kirchtagen ein dunkles Blau, während die „Oberen" jede Farbe tragen durften und wiederum auf ihrer Farbenpracht bestanden. Ein Oberer konnte eben nicht in beige-braunen Kleidern herumlaufen. Das wäre genauso unpassend gewesen wie Buntes an einem Bauern. Eine Ausnahme bildeten damals die fahrenden Musiker, Schausteller, Seiltänzer etc., die aber genau deshalb auch von keiner Gruppe wirklich akzeptiert wurden. In unserer Gesellschaft können wir uns braun oder bunt kleiden – ganz nach Lust und Laune. Aber dafür gibt es andere REGELN, gegen die wir nicht verstoßen sollten, wenn wir nicht ausgegrenzt werden wollen. All das lernen Kinder sehr bald, insbesondere in der REGEL-Schule. Dabei gilt: Je intoleranter diese geführt wird, desto intoleranter werden die Kinder. An fundamentalistischen Schulen ist der Level an Intoleranz extrem hoch, aber auch an unseren REGEL-Schulen ist er weit höher, als wir gern meinen. Deshalb erleben wir erstens viel zu viele Kinder

Vgl. Luke RHINEHART Seite 20.

als „anders" und glauben zweitens, sie **ausgrenzen**, **aussondern** zu müssen. Dafür haben wir sogar extra eine Institution geschaffen. Eine Schule für alle, die sich nicht anpassen und unterordnen, eine Schule für die Sonderbaren – daher auch der Name SONDER-Schule! So viel zu der Kreativität, die bei uns an REGEL-Schulen möglich ist. Wir haben natürlich gute Etiketten für die Abweichler, sie sind krank, sie leiden an Legasthenie, Akalkulie, ADS oder, noch schlimmer, ADHS. So viel zur Kreativität der normalen Menschen... Deshalb ist es völlig richtig, zu behaupten, Kinder hätten noch mehr davon.

Dies gilt für den christlichen Fundamentalismus, der früher Andersgläubige (Ketzer) tötete, genauso wie für den Fundamentalismus anderer Glaubensrichtungen.

2. **Regeln brechen:** Ein kreativer Mensch hat die Fähigkeit, trotz Sozialisierung, über den Tellerrand hinauszusehen und Dinge wahrzunehmen, zu fühlen, zu denken, die andere Menschen (aufgrund ihrer Erziehung zur Norm hin) nicht (so) registrieren, fühlen, denken können. Wir kommen gleich darauf zurück (Stichwort: **Denk-Regeln**).

3. **Konvex-konkave Kreativität:** Ich habe in „Das innere Archiv" mein Konzept der konvexen und konkaven Kreativität vorgestellt. Dabei geht es darum, daß der Künstler ein Werk (z. B. eine Statue) schafft (KONVEXE Kreativität), das aber erst zum Kunstwerk werden kann, wenn mindestens ein anderer Mensch (ein Betrachter) sich die Statue ansieht.

Aber es reicht natürlich **nicht**, daß dieser Betrachter nur seine Augen „darauf wirft", der Künstler möchte sein Werk **verstanden** wissen.

Der Betrachter muß also in der Lage sein, das Kunstwerk nachzuvollziehen – bitte nehmen Sie das wörtlich. Er muß den Schöpfungsakt **nach**träglich geistig **vollziehen** können, um ihn zu begreifen (KONKAVE Kreativität). Aber er soll nicht denken/fühlen wie der Künstler **VOR** dem Schaffen seines Werkes, sondern er soll es aus der Sicht des Betrachters **NACH-vollziehen**, er soll es goutieren, er soll wissen, was ihm (warum) ge- oder mißfällt. Ja, ein Kritiker, der den Künstler nicht (wie oft üblich) einfach nur „in die Pfanne haut", sondern klar begründet, was ihm warum mißfällt,

Abb. umseitig

kann dem Künstler weit mehr **geben** als Kopfnicker, die in keiner Weise begründen können, warum es ihnen eigentlich gefällt.

Es ist klar, daß **Kinder** erst weniges goutieren können, weil es ihnen noch **an Erfahrungen mangelt**. Der Geschmack von Spargel z. B. wird in der Regel erst von Erwachsenen geschätzt, denn man muß viele Speisen, die „stark" (scharf, bitter, süß) schmecken, kennengelernt haben, um den eigenartigen, fast neutralen Geschmack von Spargel **würdigen** zu können. Genauso muß man wirklich hinschauen, um die Farben eines Vincent **van GOGH** zu goutieren, was **zu seinen Lebzeiten nur wenige** konnten. Hier haben wir das **Gegenteil** des Spargel-Erlebnisses: Auf die meisten Leute seiner Zeit wirkte die Welt so farblos, daß ihnen **seine** Farben geradezu verrückt (= weg-gerückt von der Norm) vorkommen mußten. Ähnlich ging es **BEETHOVEN**. Seine Musik war für Leute das damalige **Äquivalent zu Heavy Metal** – sie wirkte auf viele seiner Zeitgenossen ähnlich „laut" wie van GOGHs Farben und wurde daher damals von vielen Kritikern als „unmöglich" und verrückt eingestuft.

Wir sehen also: **Die Kreativität von Kindern** mag zwar erfrischend sein, und sie kann uns in ähnlicher Form helfen, festzustellen, wo unsere Welt geschmacks- oder farbarm (im übertragenen Sinne) geworden ist, aber sie ist **nicht zu verwechseln mit der kreativen Leistung eines Erwachsenen**, der es wagt, festgesetzte **REGELN** in **Frage zu stellen** oder zu **brechen**. Das ist eine echte Leistung, die viele Menschen deshalb nicht nachvollziehen können, weil ihnen die entsprechende **Erfahrung** (als erwachsene Kreative) **fehlt**. Allerdings kann man es lernen, wenn man erst einmal begriffen hat, daß es interessant sein könnte, es zu lernen.

So fordert die Bereitschaft, „normalen" Unterricht durch kreativen zu ersetzen, die Fähigkeit, das Normale in Frage zu stellen und die Regeln zu brechen...

Kreativität durchbricht Denk-Regeln

Bei Kindern gilt, daß sie noch zu wenige Regeln internalisiert haben, als daß sie sie schon brechen könnten. Es kann niemand „unpünktlich" sein, solange Pünktlichkeit für ihn noch keinen inneren Drang/Zwang darstellt.

Große Kunst aber überschreitet meist irgendwelche Grenzen.

Analog: Wenn wir **im Alltag kreativ sein** sollen (wollen), weil wir in Denk- (oder Verhaltens-)Rillen **gefangen** sind, auch dann folgen wir gewissen **Denk-Regeln** (s. Rand).

Kreativität lebt, nicht zuletzt weil sie existierende Konventionen sprengt. Diese wiederum hängen von der Lebens-**ERFAHRUNG** ab. Damit meinen wir „gefühltes" (gelebtes) Leben im Gegensatz zu Leuten, die aus dem Bett steigen, zur Arbeit gehen, sich anschließend auf die Couch lümmeln, um fernzusehen, bis sie wieder zu Bett gehen – die also vom Aufstehen bis zum Schlafengehen dahinvegetieren. Es gibt 19jährige, die ihr Leben intensiver gelebt und mehr erfahren haben als manche Greise. Aber auch kleine Kinder zeigen in der Regel schon eine Menge „Persönlichkeit" und Ori-

Zum Beispiel glauben viele deutsche Firmen immer noch, sie könnten sich guten **Service** nicht „leisten". Denn sie wenden eine **alte Regel** (aus dem Industrie-Zeitalter) an, die da lautet: „Service ist ein **KOSTEN-Faktor**." Die neue Regel aber heißt: „Service **verstärkt die Bindung** zu vorhandenen Kunden und ist demzufolge einer der besten Marketingfaktoren, die es gibt."

ginalität. Wenn wir nun davon sprechen, daß Kinder kreativer seien als Erwachsene, dann heißt das, daß sie **noch original** sind, weil sie noch nicht ver-REGEL-t wurden, was spätestens in der REGEL-Schule passiert. Darüber sollte man nachdenken, insbesondere wenn man Kinder aus Nicht-REGEL-Schulen betrachtet, die teilweise wesentlich länger original „bleiben" dürfen bzw. mehr Originalität durch die gesamte Schulzeit hindurch „behalten" können. Bei diesen Kindern sind es dann eher Nachbarn oder RegelschullehrerInnen, die sie ausgrenzen, wenn sie gemäß REGEL-Schul-Gruppenregeln „anders" sind. Der Wunsch, sich **anzupassen** und zu integrieren, muß bei Lebewesen, die **nur als Gruppe überleben** können, stark ausgeprägt sein. Er hat einen eindeutigen evolutionären Vorteil, denn die heute lebenden Menschen sind alle Nachkommen von Menschen, die diesen evolutionären Vorteil besaßen und genetisch weitergegeben haben. Deshalb ist die Anzahl der wirklich „Andersartigen" gering. Wenn aber auch die Kinder der REGEL-Schulen ihre Originalität behalten dürften, dann wäre es Teil der Gruppennorm, etwas „individueller" (als heute) sein zu dürfen. In **Eliteschulen** finden wir dies, z. B. in Sport-, Musik- oder Tanzschulen, die als **Ganztagsschulen** oder **Internate** sowohl normalen Unterricht als auch das komplette Sport-, Musik- oder Tanz-Training (und Ausbildung) bieten. Wenn Sie Berichte über solche Institutionen im Fernsehen sehen, dann fällt sofort auf, **wie frisch diese Kinder wirken**. Sie sind in weit stärkerem Maß „individuell" als SchülerInnen an REGEL-Schulen, und das, wiewohl sie u.a. viel **Disziplin** lernen müssen. Es gibt an diesen Schulen zwar ebenfalls klare Regeln, aber **innerhalb dieser Regeln** gibt es mehr Freiheiten. Merke:

 Disziplin ist nicht nur **kein** Hemmnis für **Kreativität**, sondern **fördert** sie sogar.

Vgl. Rollo MAY: „Mut zur Kreativität". Leider seit Jahren vergriffen.

Wieso? Nun, schon Rollo MAY stellte vor Jahrzehnten fest, daß LIMITATIONEN Kreativität erhöhen. Es ist paradox, aber:

 Werden dem menschlichen Geist gewisse **Grenzen** gesetzt, (LIMITATIONEN) dann kann er sich besser **entfalten**.

Es beginnt damit, daß das Leben durch den Tod limitiert wird. Wären alle Lebewesen unsterblich, dann gäbe es keine Kreativität! Aber auch innerhalb eines (sterblichen) Lebens kann man dieses Phänomen beobachten: Im Krieg (in Nachkriegszeiten), wenn es an allem **mangelt**, sind die Menschen viel kreativer als in Zeiten des Wohlstands. Denken Sie an Kinder in sogenannten armen Ländern, sie finden tausend Dinge, mit denen sie spielen können: einen Zweig, einen Ast, die Kappe einer Flasche, eine leere Dose, einen Karton, einen Holzklotz, einen Stein... (Regt sich Ihre Phantasie? Ich erinnere mich, in den Nachkriegsjahren in München gab es zwar so gut wie kein „Spielzeug", aber wir merkten nichts davon!) In den Filmen des deutschen Ethnologen Irenäus EIBL-EIBESFELD sieht man, wie Mädchen in einem „primitiven Stamm" die Blätter, die einen Maiskolben umgeben hatten, genauso liebevoll „bemuttern" wie bei uns eine fertig gekaufte Puppe, während die Jungen einem vom Wind getriebenen Mini-Strauch hinterherliefen, dessen Richtung sie mit Stöcken zu ändern versuchten (man kann auch ohne Pferde Polo spielen). Es ist unglaublich, wie der Geist sich ENTFALTET, wenn es wenig Materielles gibt. Und umgekehrt, wie er sich auf ein Minimum reduziert, wenn man ihm zuviel Info, zuviel Struktur, zuviel Was-auch-immer bietet. So arbeiten z. B. Lehrkräfte, die sich für modern halten, liebend gern mit ARBEITSBÖGEN, welche die Kinder ausfüllen sollen. Dieser Vorgang ist für den kreativen Geist genauso TÖDLICH wie das Ausfüllen von Formularen. Wer möchte das schon freiwillig tun? Mehrmals die Woche? Na eben!

Noch ein Beispiel: Vergleichen Sie den **Unterschied** zwischen einer normalen (untereinander geschriebenen) **Stichwort-Liste** (wenn wir unsere Ideen anzapfen wollen) und einem **KaWa** (WORT-Bild; s. Erklärung Seite 153f. und Fallbeispiele Seite 60, 75, 96). Wenn Sie „einfach so" eine Liste schreiben, dürfen Sie ja ALLES denken. Beim KaWa hingegen erzeugen wir einen **Kreuzworträtsel-Effekt**, indem wir ausschließlich Buchstaben benutzen, die das Schlüsselwort enthält, und uns fragen, **was uns** zu diesen konkreten **Anfangsbuchstaben einfällt**.

Nun wissen wir seit den bahnbrechenden Experimenten von Elisabeth LOFTUS (die SCHACTER in seinem Buch „Wir sind Erinnerung" beschreibt), daß alle Begriffe in unserem Kopf am **Anfangsbuchstaben** „hängen" (das heißt im Gehirn so archiviert sind). Deshalb fällt uns weit weniger ein, wenn wir Begriffe suchen, die mit einem bestimmten Buchstaben **enden** oder eine konkrete **Anzahl** von Silben bzw. Buchstaben enthalten sollen. Werden wir aber nach **Begriffen mit einem bestimmten Anfangsbuchstaben** gefragt (wie bei dem DESHALB so beliebten Stadt-Land-Fluß-Spiel), dann können wir unser inneres Archiv optimal „anzapfen". Deshalb funktioniert das KaWa besser als eine „normale" Liste, sogar besser als eine Mind-Map (nach BUZAN). **Erstens**, weil man auch bei der Mind-Map „alles" denken kann (der Schlüssel zu mehr Kreativität aber in der LIMITIERUNG liegt), und **zweitens**, weil kein **Kreuzworträtsel-Effekt** ausgelöst wird.

Manchmal wird es sehr spannend, wenn wir ein KaWa anlegen und vergeblich einen Buchstaben **suchen**, weil sich uns ein Begriff aufdrängt, den wir unbedingt **einbringen** wollen. Dann ist „kreatives Schummeln" angesagt. So saß ich neulich über einem KaWa, in dem ich vergeblich nach einem „E" suchte, um den Begriff „Erstaunen" einzutragen. Aber kein „E" weit und breit! Da entdeckte ich ein „A" und der „Aha-Effekt" drängte sich mir auf. Es ist faszinierend, was uns beim KaWa alles einfällt (zufällt), aber das ist kein Zufall, sondern liegt an jenem Effekt, den ich als **Kreuzworträtsel-Effekt** beschreibe (wir könnten auch vom LOFTUS-Effekt sprechen). Natürlich beschreibt auch ein verblüfftes „Aha!" mein Erstaunen. Dieses „Aha!" wiederum löst eine neue Assoziation aus, die... Es würde zu weit führen, den Prozeß hier wiederzugeben. Ich will nur andeuten, daß mir normalerweise weder das „Aha!" noch alles, was sich daraus ergeben hat, eingefallen (zugefallen) wäre.

In meinem Büchlein „Intelligente Wissensspiele" finden Sie eine Einführung in die KaWa-Technik.

Im Seminar machen wir zumindest eine Mini-Übung, die den TeilnehmerInnen eine erste Ahnung vermittelt, wovon ich spreche. Beim Lesen besteht die Gefahr, daß man es nicht glaubt (oder sich nicht vorstellen kann), wenn man es nicht selbst ausprobiert. Man muß es aber **mehrmals** erlebt haben, bis man nachvollziehen kann, wovon ich hier berichte... Es fällt einem wirklich weit mehr ein (und zu), wenn man nur die Buchstaben des Schlüsselwortes zur Verfügung hat.

Und welches Limit hat ein ABC, mögen Sie jetzt fragen, hier ist ja jeder Buchstabe erlaubt. Richtig. Wobei auch hier durch das Wandern mit den Augen der **Kreuzworträtsel-Effekt** ausgelöst wird (das nur nebenbei). Aber wir bringen auch ein LIMIT ins Spiel, wenn wir das Anlegen des ABC zeitlich begrenzen: Man weiß, man hat nur 90 Sekunden (oder 3 Minuten). Versuche in meinem Institut haben immer wieder gezeigt: Die meisten Menschen notieren weit mehr Assoziationen **in 90 Sekunden**, wenn sie **wissen, Sie haben nur 90 Sekunden**, als in 3 Minuten ohne Zeit-Limit (und nach 3 Minuten brechen wir unerwarteterweise ab und zählen die Wörter). Spannend!

Kehren wir zurück zu unserer KERN-AUSSAGE bei PERKINS (s. Seite 72ff.). Seine Intelligenz Nr. 2 lebt ja vom **Wissen** nach dem Motto: Je mehr wir zu einem Thema wissen, desto REICH-haltiger wird unsere Ausbeute, wenn wir nachdenken. Nun spreche ich gern vom Wissens-Netz (s. Seite 76), einer Metapher für unser Wissen. Allerdings ist diese zu einseitig (wie alle Metaphern). Da jede Metapher immer **nur einen Aspekt** besonders **beleuchtet** (hervorhebt), während alles andere im Dunkeln versinkt, sollten wir zu wichtigen Themen **mehrere Metaphern finden**. Das habe ich mit dem Thema Wissen (Lernen, Lehren, Denken etc.) getan (bisher über 40 Metaphern). Denken Sie an Mücken: Wenn wir uns unser Wissen zu einem bestimmten Thema (welches im Wissens-Netz eine bestimmte „Gegend" wäre) als einen Mückenschwarm vorstellen, dann entdecken wir etwas Neues: Während das Wissens-Netz die Ver-NETZ-ung (Ver-BIND-ungen) aufzeigt, also die **Struktur** unseres geordneten (sortierten) **Wissens**, erkennen wir bei der Idee eines SCHWARMS, daß jedes Insekt mit jedem anderen in Ver-BIND-ung treten kann, daß diese Ver-BINDUNGEN aber kurz und flüchtig sein werden.

Haben Sie Lust, dies einmal zu testen? Dann assoziieren Sie bitte, was Ihnen spontan zu folgenden 2 Begriffen einfällt:

1. BIER

_____

_____

_____

_____

2. RHODOPSIN

_____

_____

_____

_____

Bei BIER haben die meisten einige MÜCKEN (wiewohl nur Experten hier einen richtigen Mückenschwarm besitzen), bei RHODOPSIN aber stellen sich mehrere Fragen. Erstens: MÜCKE oder LÜCKE (wenn wir gar nichts wissen)? Zweitens: EINIGE WENIGE Mücken oder eine Mückengruppe? Drittens: Vielleicht ist es sogar ein Mücken-SCHWARM? (Ein kleiner, mittelgroßer oder gar ein riesiger Schwarm?) Was bedeuten die Antworten in der täglichen Denk-Praxis?

Bei **extrem wenigen Mücken** können **nur wenige Kombinationen** entstehen. Hier würde es sich lohnen, lebenslanges Lernen zu praktizieren, z. B. mit meiner **Zitate-Technik** (im Internet einige Zitate zum Thema suchen, diese a) studieren und b) mit anderen darüber diskutieren). So schaffen Sie einen ersten kleinen Mücken-**Schwarm**, und das Denken kann beginnen. Wenn Sie dann noch einige Artikel zu diesem Thema lesen, **schaffen Sie geistiges Wachstum** vom Feinsten...

Bei **einigen Mücken** sind die **Möglichkeiten** zur Kombination bereits **größer**. Ab jetzt können wir davon sprechen, ein Thema denkerisch anzugehen. Trotzdem wäre **mehr** besser: Je mehr Mücken, desto effizienter können wir sowohl analytische als auch kreative Gedanken denken: Wir werden also „intelligenter" UND kreativer...

Nur ein **besonders großer Schwarm** (= viel Wissen zum Thema) bietet **viele** mögliche **Ver-BIND-ungen** und/oder **Ver-NETZ-ungen**. Ab jetzt ist FRUCHT-bares ASSOZIATIVES Denken überhaupt erst möglich und sinnvoll.

Mückenschwärme?

Je mehr wir wissen, je mehr Mückenschwärme wir also besitzen, desto mehr Verbindungen können zwischen unseren Ideen-Wolken „auftauchen", und desto „kreativer" werden wir zwangsläufig denken.

Je weniger Daten, Fakten, Infos, Theorien, Ideen (Mücken) wir zu einem Themenbereich besitzen, desto weniger Ver-NETZ-ungen sind möglich, und desto weniger „intelligent", aber auch weniger kreativ können wir reagieren. Intelligenz bedeutet, daß uns etwas „einfällt" (zumindest eine brillante Frage), Kreativität, daß wir NEUE Ver-BIND-ungen schaffen, die es zuvor noch nicht gab.

Lassen Sie uns dies als **einfache** (Gegensatz: **komplexe**) **Kreativität** bezeichnen. Die einfache nenne ich

Kreativität[1].

Da man „hoch 1" normalerweise nicht ausspricht, meine ich damit das, was wir im allgemeinen unter Kreativität verstehen (wie die Abbildung oben zeigt): Wir stellen neue Ver-BIND-ungen **innerhalb einer einzigen Ideenwolke** (zu einem konkreten Thema) her. Das entspricht dem normalen ASSOZIATIVEN Denken, dessen WESEN-tliche Elemente das folgende KaWa (vgl. Seite 153f.) Ihnen vorstellt:

1. **A** = **ALTE** (s. V), das heißt, wir bauen auf vorhandenem Wissen auf.
2. **O** und **Z** (in der Mitte) stehen für **OFT** und **ZAHL**: Je öfter wir uns darin üben, zu einem bestimmten Thema ASSOZIATIV zu

arbeiten, z. B. indem wir ABC-Listen anlegen (vgl. Merkblatt 1, Seite 152ff.), desto REICH-haltiger wird unsere Ausbeute (s. 3.).

3. Das zweite **A** steht für **AUSBEUTE**, das heißt, für die Anzahl an Ideen. Welch ein Zufall, daß uns mehr zufällt, wenn wir trainieren.

4. **T** = **Training**: Daß wir weder Tennis noch Klavier spielen lernen, wenn wir nicht trainieren, weiß jede/r. Aber daß dasselbe für geistige Disziplinen gilt, ist den TeilnehmerInnen meiner Seminare fast immer NEU. Sie probieren geistige Prozesse, z. B. ABC-Listen oder KaWa.s ein- oder zweimal aus und sagen dann: „Kann ich nicht!" Tja, so könnte niemand Klavier oder Tennis spielen lernen, warum denken wir, daß es hier anders ist? **Jede TÄTIGKEIT kann nur durch TRAINING verbessert werden**, auch geistige. (Sogar sprituelle – auch BETEN, MEDITIEREN etc. muß man erst einmal LERNEN!)

5. **I:** Das **erste I** steht für **INVENTUR**, weil jede ASSOZIATIVE ÜBUNG (ABC, KaWa, Stadt-Land-Fluß-Spiel etc.) immer eine INVENTUR (Was weiß ich? Was fällt mir HEUTE ein?) darstellt. So gesehen spielen solche Übungen die Rolle eines **Mini-SOKRATES-CHECKs** bezüglich DIESES Themas. Das zweite I steht für IDEEN. Diese können immer nur ASSOZIATIV produziert werden. Wenn unser eigener Geist die Verbindung findet, ist der Denkvorgang immer ASSOZIATIV.

6. **S:** Die INVENTUR funktioniert am besten, weil wir auf der **SUCHE** sind. Schon in der Bibel lesen wir: SUCHET UND IHR WERDET FINDEN. In anderen Worten: Diejenigen, die gleich sagen „Kann ich nicht", **gehen nicht auf die Suche** und werden dementsprechend auch nur wenig finden. Schade, gell? Was wir beim Suchen finden, ist immer interessant, eine Art **SEELISCHER SCHNAPPSCHUSS**, da wir ja in unserem Inneren „wühlen" (Gegensatz: wenn wir außen suchen, z. B. im Internet).

7. **V** = **Verbindungen**, das heißt, wir spielen mit **VORHANDENEN** Begriffen aus unserem Wissen aus der **VERGANGENHEIT**.

Was meinen Seminar-TeilnehmerInnen eingangs ebenfalls nicht einleuchtet, ist, daß wir zum selben Thema immer wieder „arbeiten" (spielen) können, sei es mittels ABC-Listen, Stadt-Land-Fluß-Spielen zu allen Themen, die wir wählen wollen (es müssen weder Städte noch Länder noch Flüsse dabeisein!) oder als KaWa. Wenn ich eine Gruppe dazu bringen möchte, zu rufen, brauche ich nur eine Stunde später die Aufgabe für ein ABC **erneut** zu stellen. Sofort rufen viele: „Aber das hatten wir doch schon!" Das sind die Ergebnisse unseres Schulsystems. „Hatten wir doch schon!" Da haben wir schon einmal über ein Thema nachgedacht, auf daß wir es, bis wir in die Grube fahren, nie wieder reflektieren müssen, oder wie??? Merke:

in ein THEMA EIN-DRIN-GEN

> Erst durch regelmäßiges Eindringen in eine Thematik, sei dies ein musikalisches Thema (das wir besser verstehen wollen), eine Landschaft (die wir malen wollen) oder ein Gedicht (das wir verstehen wollen), werden wir in die TIEFE gehen.

Das hat die Regelschule uns meist NICHT beigebracht. Dort wird alles nur einmal durchgenommen, und dann tauchen die meisten Themen NIE WIEDER AUF. Aber jeder Experte, Künstler, Schriftsteller, Musiker etc. kann gewisse THEMEN nur verstehen und interpretieren, indem er sie immer wieder DENKT, SPIELT, MALT etc. Deshalb als Beispiel eines meiner weiteren „unzähligen" KaWa.s zum Begriff ASSOZIATIV: Sie sehen, einige Begriffe entsprechen denen im vorherigen KaWa (Seite 96), während andere vollkommen davon abweichen. Warum? Weil wir bei jedem Durchgang NEU denken und weil uns jedesmal zu dem einen oder anderen Buchstaben andere Dinge ein- (bzw. zu-)fallen, die uns HEUTE wichtiger erscheinen als neulich. So entsteht im Laufe der Zeit ein komplexes Verständnis einer komplexen Thematik...

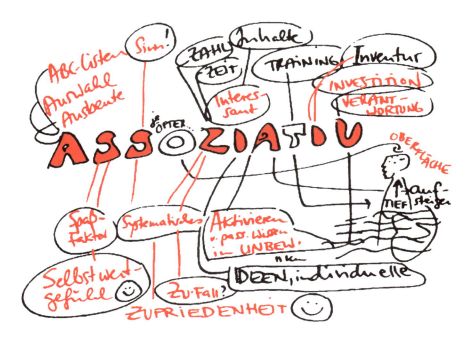

NICHT ASSOZIATIV, sondern BISOZIATIV?

Neben dem assoziativen Denk-Prozeß, den ich als **Kreativität**[1] bezeichne (weil wir ja nur die Ideen **EINER** THEMENWOLKE verbinden), gibt es noch eine weitere Art der Kreativität. Wollen wir sie **Kreativität**[2] (hoch 2) nennen. Hier gilt es, die **Regeln zu brechen** (über die wir gesprochen hatten, vgl. Seite 89ff.), das heißt, zwei ursprünglich **UN-verbundene** Ideenwolken miteinander zu ver-BIND-en. Diese **neue, noch nie dagewesene Ver-BIND-ung** ist es, die Arthur KOESTLER (im Gegensatz zur normalen ASSOZIATION) als **BISOZIATION** bezeichnete (von lateinisch: „bis" = 2, weil 2 Ideen verbunden werden, **die normalerweise nicht verbunden worden wären**). Die BISOZIATION ist die Art von Kreativität, die wir meinen, wenn wir „besonders kreativ" sein wollen.

Ein hervorragendes Beispiel bietet uns der Erfinder der Morsezeichen. Als Herr **MORSE** feststellen mußte, daß seine Morsezeichen sich **nur über kurze Strecken senden ließen**, war er sehr ent-

Quelle: Michael MICHALKO: „Erfolgsgeheimnis Kreativität"

täuscht. **Jede Taube konnte größere Strecken zurückzulegen.** Eines Tages befand er sich auf einer Reise mit der Postkutsche. Bei einem der obligatorischen Pferdewechsel beobachtete er den Kutscher beim Abspannen der alten und Anspannen der neuen Pferde, und ihm war klar, daß man dies tat, weil die Pferde **müde** waren und durch frische ersetzt werden mußten. Und auf einmal verbanden sich in seinem Kopf zwei Dinge, die (bis dahin) NICHT verbunden gewesen waren. Er schuf eine **BISOZIATION**. Und die führte zu der Frage: **Was, wenn auch meine Morse-Signale müde werden und deshalb regelmäßig durch frische ersetzt werden müssen?** Wir sprechen heute von starken und schwachen Signalen, **als läge es in der Natur der Sache**. Wir wissen gar nicht mehr, daß die Idee eines „müden" Signals einst eine brillante Bisoziation des Herrn Morse war. Und sie hatte weitreichende Folgen: Durch diese Idee konnte sich die **TELEGRAFIE** durchsetzen (das „Internet" des Viktorianischen Zeitalters). Man installierte viele „Pferdeställe" für Morsezeichen, das heißt Morse-Stationen. Hier **hörte + notierte** ein Morseoperator die Botschaft und morste sie dann „frisch" weiter (neues Pferd = neue Nachricht). So reiste die Botschaft über so viele Morse-Operatoren wie nötig, gegebenenfalls Tausende von Kilometern in kurzer Zeit...

Dieses Beispiel zeigt uns auch sehr deutlich, was **PERKINS 2** bedeutet: Je mehr wir wissen und begreifen, desto mehr „intelligente" und/oder „kreative" Ideen können wir produzieren. Herrn Morse war schlagartig klargeworden, daß die Pferde nicht nur zufällig hier gewechselt wurden, sondern daß es Pferdestationen entlang allen Reisewegen gab und daß man nie länger ritt oder fuhr, als die Pferde bequem schafften. Nach dem Wechsel konnten die Tiere rasten, bis sie am nächsten Tag wieder ausgetauscht wurden. Auf diese Weise waren ständig frische Pferde auf der Strecke. Dies war die Schlüssel-Idee, die zu seiner Bisoziation führte! Ständig neue Signale auf der Strecke zu haben führte zur Telegrafie, diese später zu Teletext – und heute haben wir das Internet...

Wenn wir zu wichtigen Themen viele Mücken „anlegen", erhöhen wir sowohl unsere alltägliche **Intelligenz** (PERKINS 2) als auch unsere **Kreativität**. Erst das Wissen über das **Reisen mit Postkutschen** und die **Pferdewechsel** erlaubte die großartige bisoziative Verbindung. Ohne diesen Gedankenblitz wäre das Problem weiterhin „unlösbar" geblieben, und es hätte sich keine Telegrafie entwickelt. Dies aber war eine der Technologien, die das rasante Industrie-Wachstum möglich machten. Wenn wir unsere Mücken-Metapher wieder nutzen, dann sehen wir, wie hier zwei verschiedene Themen erstmals verbunden werden (MORSEN und REISEN):

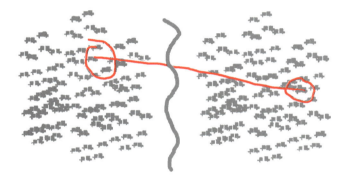

Es sind solche Bisoziationen, die auf uns ORIGINELL wirken, sei es in der Werbung, im Kabarett, in einem Vortrag etc.

Noch ein Beispiel: Der großartige Kabarettist Volker PISPERS rechnete uns (wenige Jahre nach dem Fall der Mauer) vor, was uns ein Gefangener pro Tag, pro Woche, pro Jahr kostet (was wir ja mit unseren STEUERN finanzieren). Dann VERGLICH er diese Kosten mit denen, die durch SUBVENTIONEN – die wir ebenfalls mit STEUERN finanzieren – entstehen. (Wer ist wohl teurer, ein Bergbau-Kumpel oder ein Bauer?) Am Ende stellte er nüchtern fest, daß ein OSSI (bezüglich unseres SOLIDARITÄTS-Zuschlags) immer noch billiger ist als ein Kumpel oder ein Bauer. Sehen Sie, das ist eine BISOZIATION par excellence. **Normalerweise würde man diese Gruppen nie miteinander vergleichen**, er tut es, und wir sind **VERBLÜFFT**. KOESTLER betont, daß jede Bisoziation immer mit einem

AHA! einhergeht, mit einem **WITZ**. Dieser WITZ kann im Sinne von „Esprit" gemeint sein (und Erstaunen auslösen) oder im Sinne von „Haha". Deshalb ist spätestens jetzt klar, daß die Pointe jeden guten Witzes ebenfalls eine Bisoziation darstellen muß.

Das ist eine **höhere Kunst der Kreativität** (deshalb nenne ich sie **Kreativität^2**), zu der nur geübte GEISTER fähig sind. Es ist noch kein Meister vom Himmel gefallen, und man kann nicht erwarten, geistig besonders „scharf" zu werden, wenn man nicht laufend trainiert! Die (zukünftigen) Meister sind z. B. Leute, die dasselbe Thema viele Male „beackern", immer und immer wieder (oft in verschiedenen Formen). So gehe ich wichtige Themen häufig als ABC oder als KaWa an. Mal schreibe ich einen Kommentar oder eine Kolumne dazu, mal „bastle" ich eine passende Seminar-Übung oder ich male ein Bild... Je vielfältiger wir uns mit einer Thematik beschäftigen, desto TIEFER werden wir eindringen können. Übrigens kann nur durch „Beackern" auf dem geistigen „Acker" etwas wachsen. Und dann fällt auch die ERNTE REICH-haltig aus – clevere Bisoziationen und vieles mehr...

Nun verstehen Sie, welchen weiteren Vorteil uns eine BISOZIATION bringen kann: Ist eine ERSTE Ver-BIND-ung zwischen **zwei vorher unver-BUND-enen** Themen gelungen, dann können **beide** (vormals getrennten) **Ideenwolken zu einer riesigen Giga-Wolke verschmelzen**.

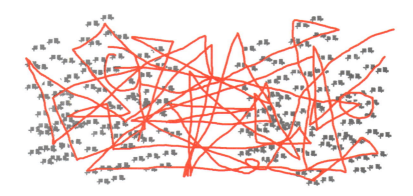

Damit haben wir eine große Menge **eigener** Ideen und Gedanken zur Verfügung, die in unsere weiteren kreativen Denk-Prozesse einfließen können. So werden sich ab jetzt de facto vollautomatisch **zahlreiche** (zusätzliche) **„neue" Ideen** ergeben, weil wir nun **Zugriff** auf die Inhalte der verbundenen neuen Ideenwolke haben, so daß unser Denken sehr REICH-haltig wird!

Aber auch dies ist wahr: Je größer jede der beiden Wolken **vor** der Vereinigung war, desto gigantischer wird unsere zukünftige Ausbeute sein. Und wieder sind wir bei PERKINS 2 gelandet und bei der Tatsache: Mit unserem Wissen können wir nicht nur unsere Intelligenz, sondern auch unsere Kreativität maßgeblich beeinflussen.

Darüber hinaus gilt: Wann immer wir in Zukunft über EINES der beiden Themen nachdenken wollen, nutzen wir die volle POWER der **doppelten** Ideenwolke.

Tja, jetzt liegt es an Ihnen. Werden Sie etwas unternehmen? Das absolute Minimum wäre, **regelmäßig ABC-Listen und KaWa.s zu wichtigen Themen anzulegen**. Probieren Sie es aus. **Wählen Sie (vorläufig) nur ein einziges Thema,** zu dem Sie (mindestens mehrmals die Woche, es dauert ja jeweils nur einige Minuten) ein ABC **oder** ein KaWa anlegen. Immer zum gleichen Begriff (Thema). Dann sehen Sie selbst, was sich in einigen Monaten bezüglich dieses Themas **in Ihnen entwickelt**. Die Wirkung ist KUMULATIV (= langsam ansammelnd), das heißt, **von Tag zu Tag merken Sie NICHTS, aber alle paar Monate werden Sie erstaunt sein, was jetzt alles (bezüglich dieses Themas) in Ihnen passiert**.

Dieses Training be-WIRKT darüber hinaus auch einige andere Dinge (die wir hier aus Platzgründen nicht näher erklären können). Um nur einige Beispiele zu nennen: Sie hören/lesen weit aufmerksamer, wenn Ihr Thema auftaucht, Sie nehmen aus den Augen- (und „Ohren-")winkeln Dinge wahr, die Sie sonst nicht wahrgenommen hätten, Sie sprechen öfter mit anderen über Ihr Thema, Sie wählen dazu passende TV-Sendungen aus, die Sie normalerweise übersehen hätten, etc. Das alles spielt mit hinein, wenn Menschen sich regelmäßig kurz, aber intensiv mit einem Thema befassen! Übrigens meine ich genau das, wenn ich behaupte:

Leistungs-SPRÜNGE

Wir können unser POTENZ-ial weitaus voller entfalten, als wir je zu träumen gewagt hätten.

Und mit solch einer einfachen Maßnahme können wir starten. Ist das ein Angebot?

Sind Sie ein/e MIS-MATCHER in?

Unterschiede — Übereinstimmungen

schnell wahrnehmen!

Modul 4 – CHECK: m oder mm?

Die beiden Buchstaben „m" und „mm" stehen für zwei Begriffe, die meines Wissens nie sauber eingedeutscht wurden. Abgesehen davon, daß man davon so gut wie nie etwas hört/liest, kann es sein, daß die wenigen Autoren unterschiedliche Wörter verwenden, deshalb stelle ich Ihnen dieses Denk-Modell mit den ursprünglichen Begriffen vor. Worum handelt es sich also?

m = MATCHER: Das sind Menschen, die im Zweifelsfall **ÜBEREINSTIMMUNGEN suchen**. Sie stimmen lieber zu (als zu widersprechen). Sie sind gute Coaches, weil sie das POSITIVE wahrnehmen. Sie kommunizieren meist taktvoller als MISMATCHER und „liegen" im Kommunikations-Modell (s. Seite 33ff.) auch mit weit mehr Prozentpunkten auf der Beziehungs-Ebene als MISMATCHER. Sie ziehen HARMONIE vor...

mm = MISMATCHER: Das sind Menschen, die im Zweifelsfall **ABWEICHUNGEN suchen**. Sie sehen selbst kleinste Fehler, die MATCHERn nicht auffallen. Gute KRITIKER (ob im Bereich Film, Literatur, Theater, Restaurant etc.) müssen dementsprechend MISMATCHER sein, auch wenn sie manchmal schwer zu ertragen sind. Die meisten MISMATCHER sind im Kommunikations-Modell (s. Seite 33ff.) eher bei INHALT und META (Strategie) als bei BEZIEHUNG aktiv. Es geht ihnen mehr um die Sache als um die Gefühle der Personen, mit denen sie sprechen.

Ein kleines Fallbeispiel soll dies verdeutlichen. Im Spiegel finden wir die TV-Vorschau mit einem RÜCKBLICK, in dem eine Sendung aus der Vorwoche rezensiert wird. Der oder die RezensentIn (der Name fehlt leider) ist eindeutig ein MISMATCHER. Zuerst zeige ich Ihnen, wie ein MATCHER die Sendung beschrieben haben **könnte**, dann folgt das (leicht gekürzte) Zitat (wobei ich den Namen der kritisierten Moderatorin weggelassen habe, damit Sie von Ihrer eigenen Meinung zu dieser Person nicht abgelenkt werden).

Spiegel Nr. 46 (2006), Seite 110

MATCHER

Die Moderatorin wies zu Recht darauf hin, wie viele Menschen übergewichtig seien und wie notwendig es sei, dagegen etwas zu unternehmen, und daß man oft nicht genau wüßte, was denn nun gut für einen sei. Deshalb hatte sie den Sternekoch Alfons Schuhbeck zu Hilfe geholt, dessen qualifiziertes Wissen auch hilfreich war. Man öffnete gemeinsam den Eisschrank einer Versuchsperson und stellte fest, daß er so einiges enthielt, das nicht hineingehörte. Diese war dann auch bereit, sich Äpfel zu verordnen, lernte dann jedoch, daß Äpfel mit Nüssen besser seien als Äpfel allein. Insgesamt informativ und motivierend, wieder einmal zu prüfen, ob nicht bei einem selbst schon wieder einige Gramm zuviel drauf sind – und wenn ja, dann sofort etwas dagegen zu unternehmen...

MISMATCHER

Achten Sie auf die hervorgehobenen Textstellen: Solche Aspekte nehmen MATCHER chronisch NICHT wahr, während sie MISMATCHERN geradezu ins Auge springen:

Zugegeben, die Moderatorin ist sichtbar dünn, von uns aus mag sie auch vieles besser wissen. Aber was gibt dieser Frau das Recht, **den zu dicken Menschen** wie Mister/Miss Piggy aus dem Ernährungsprekariat **vorzuführen**? Da war... die füllige Christel zu sehen (130 Kilo), sichtbar zu üppig, aber dennoch nicht ohne Anspruch auf eine gewisse Eigenwürde, schließlich stellte sie sich ja der Kamera zur Verfügung. **Sie wurde aber behandelt wie ein Zögling aus der Besserungsanstalt.** Christels **Kühlschrank wurde kontrolliert...** Was haben wir denn da? So, so, Mayonnaise. Ob sie mit ihrer Erscheinung zufrieden sei, fragte die Eisschrank-Kontrolletta. Natürlich nicht. Der Sternekoch Alfons Schuhbeck **stellte sich mit onkelhaft jovialer Attitüde neben den Problemfall und klopfte der Frau auf den Rücken**: Siehst du, so geht es besser. Christel und Familie verordneten sich reuig zum Abendbrot Obst. **Auch das war**

nicht recht: Äpfel mit Nüssen seien nahrhafter, erklärte die gestrenge Moderatorin.

Sicher wundert es Sie nicht, daß **MISMATCHER** die **besseren Kritiker** abgeben. Zum einen nehmen sie vieles wahr, das MATCHER gar nicht registrieren würden (z.B. die im Zitat rot dargestellten Aspekte). Zum anderen können sie ihre differenzierteren Wahrnehmungen in der Regel auch pointiert (bzw. „scharf") formulieren, so daß solche Kritiken auch sprachlich einen Genuß darstellen können. (Ist Ihnen (im Zitat oben) z.B. die Bezeichnung „Kühlschrank-**Kontrolletta**" aufgefallen?) Manche Menschen lesen gute Rezensionen und Kritiken vor allem deshalb.

AUFGABE:

Vielleicht suchen Sie Rezensionen und Kritiken (sicher gibt es auch einige im Internet) und **lesen einen Monat lang pro Tag eine**. Warum? Damit Sie **Bewußtheit** schaffen:

1. Wenn Sie ein MATCHER sind, möchten Sie vielleicht ein wenig mehr Gefühl für die Dinge entwickeln, die MISMATCHER sofort sehen (und leider im Alltag auch oft spontan sagen, ohne daß sie irgend jemanden verletzen wollen).
2. Wenn Sie ein MISMATCHER sind, dann markieren Sie MISMATCHER-typische Bemerkungen. So können Sie ein Gefühl dafür entwickeln, welcher Art die Bemerkungen sind, die auch Sie sicher öfter machen und die Mitmenschen (vor allem MATCHER) verletzen können...

Modul 5 – CHECK: BLAKE/MOUTONs GRID

Wenn Sie den GRID-CHECK beendet haben (s. Seite 43f.), fragen Sie sich, **ob Ihre Einschätzung mit dem Trend Ihres Kommunikations-CHECKs** (Seite 39ff.) übereinstimmt. Beachten Sie:

1. **Wer beim Kommunikations-CHECK eher oben „liegt"** (**Strategie und Inhalt**), landet im GRID eher rechts UNTEN (**Produktivität, Leistung**). Hier finden wir Typen, die gern tüfteln, Wissenschaftler, Programmierer, Autoren, Bastler, Miniatur-Eisenbahn-Fans etc. Dabei handelt es sich in der Mehrzahl um Männer, Frauen finden wir in dieser Kategorie eher selten (s. MODUL 7, Seite 111ff.).

2. **Wer beim Kommunikations-CHECK eher unten „liegt"** (**Beziehungs-Ebene**), landet im GRID eher OBEN (Leute). Hier finden wir Menschen, die ihre Mitmenschen MÖGEN.

Verbinden Sie die **GRID-Idee** mit der **Frage nach dem Beruf**: Legen Sie ein ABC an, in dem Sie alle Freunde, Bekannte, NachbarInnen etc. auflisten und in die Spalten daneben deren Berufe eintragen (manche haben vielleicht mehr als einen). Wenn Sie es nicht wissen, erkundigen Sie sich. Dann denken Sie darüber nach: Inwieweit passen die Berufe zum „Profil" im Hinblick auf den KOMMUNIKATIONS- und den GRID-CHECK? Diese Übung kann extrem spannende Einsichten bieten. Zwei Beispiele von den jeweiligen Punkten des GRID sollen dies demonstrieren:

- **Eine Altenpflegerin** war die letzten Jahre zunehmend unter Streß geraten. Die Arbeit machte ihr wenig Freude, sie wurde oft krank und sie spürte, daß irgend etwas grundsätzlich NICHT OK war. Diese einfache Übung öffnete ihr die Augen. Schon bei den einzelnen CHECKs war ihr klar, daß ihr die Beziehungs-Ebene wichtiger war als die Strategie und daß sie sich im GRID als „People-Person" (Leute-bezogen) identifizierte.

Und als sie beide Ergebnisse miteinander in Verbindung brachte, fiel es ihr wie Schuppen von den Augen: **Sie war Altenpflegerin geworden, weil sie Leute mag!** Sie ist der **Gegenpol** zu jenen, die vor allem **Produktivität** und **Leistung** suchen. Aber durch die ständigen **Gesundheitsreformen** der letzten Jahre war sie in zunehmendem Maße gezwungen, sich in Richtung Produktivität zu bewegen (3 Minuten zum „Füttern" einer Suppe, alte Menschen mit Windeln quälen, weil die Zeit für Toilettengänge angeblich nicht vorhanden ist, etc.).

Durch die „Reformen" fühlte sie sich in zunehmendem Maße ver-GEWALT-igt. Merke: Man kann die angeborene Neigung punktuell verändern (um einige Prozent), aber man kann Menschen nicht von einer Extrem-Position zur anderen „drücken".

- Auch ein **Programmierer** hatte in den letzten Monaten ständig Streß am Arbeitsplatz. Er hatte seinen Beruf früher GELIEBT, aber jetzt fühlte er sich abends immer völlig „zerschlagen" und war gereizt. Das gefährdete mittlerweile seine Partnerschaft, da er seiner Partnerin nicht wirklich erklären konnte, was los war. Erst mit Hilfe dieses CHECKs wurde auch ihm klar, was in der Firma ablief: Er hatte ein kleines Büro für sich, da er ja konzentriert stundenlang am Stück arbeiten mußte. Vor einem halben Jahr hatte man einige Mitarbeiter gefeuert (aus Wirtschaftlichkeitsgründen), darunter auch die Dame aus der Telefon-Zentrale. Nun begann es sich einzubürgern, daß Mitarbeiter immer häufiger ihr Telefon auf seines umstellten, wenn sie das Büro verließen (da sie es ja nicht mehr zur Zentrale schalten konnten). Diese Telefonate rissen ihn jedesmal aus der Konzentration, aber da er sehr verantwortungsbewußt war, nahm er jeweils eine kurze Nachricht auf, sandte dem Kollegen eine E-Mail, und versuchte dann weiterzuarbeiten. Aber so kann man nicht programmieren! Nachdem er das erkannt hatte, stellte er seine Firma vor ein Ultimatum: Entweder das Telefon verläßt sein Büro oder er würde die Firma verlassen. Inzwischen ist das Telefon draußen und er wieder in der Lage, zu arbeiten.

Modul 6 – CHECK: McGREGORs X/Y

Zwar lade ich natürlich alle LeserInnen ein, diesen Selbst-CHECK durchzuführen, aber falls Sie Führungsaufgaben haben (auch Eltern sind „Chefs"), kann er für Sie besonders wichtig sein.

Neben dem offensichtlichen Zweck, der aus der Fragestellung bereits hervorging (Wie ist Ihre Einstellung anderen Menschen gegenüber?), gibt es einen weiteren Grund für diese Inventur:

VER-GLEI-CHEN Sie!

Vergleichen Sie Ihre Reaktionen hier mit denen bei den Selbst-CHECKs KOMMUNIKATION (Seite 39ff.) und dem GRID (nach BLAKE und MOUTON, Seite 43f.). Fragen Sie sich: Passen die Ergebnisse zusammen?

Manche Seminar-TeilnehmerInnen erkennen bei den Fragen zu ihrer Kommunikation, daß sie auf der Beziehungs-Ebene schwach sind, geben sich aber trotzdem beim GRID eine Position der „Leute-Bezogenheit". Und was geschieht bei der Frage X/Y von McGRE-

Vgl. mein Büchlein „Eltern-Nachhilfe".

GOR? Es gibt Lehrerinnen, die standhaft daran festhalten, die SchülerInnen seien de-motiviert, faul, desinteressiert etc. Auch einige Trainer-KollegInnen lehnen ihre TeilnehmerInnen in ähnlicher Weise ab. Komischerweise haben sie jede Menge Streß in ihren Büros, Klassenzimmern und Seminarräumen. Gleichzeitig bescheinigen sie sich bei McGREGOR aber „gute Noten" (ich bin ein X-Manager, X-Lehrer etc.). Spannend, denn das bedeutet im Klartext: Solche Menschen glauben, daß sie ihren MitarbeiterInnen (SchülerInnen) viel zutrauen während sie gleichzeitig annehmen, daß die WENIGEN AUSNAHMEN, die es gibt, alle in ihrer Abteilung (ihrem Klassenzimmer) herumsitzen. Für wie wahrscheinlich halten Sie das? Merke:

> Je mehr Sie Ihren Leuten zutrauen, desto mehr können (und werden) diese leisten.

Wieder einmal könnten wir uns fragen, inwieweit die Welt unser Spiegel sein könnte (vgl. Seite 62). Gerade bei diesem CHECK kann es sehr hilfreich sein, andere Menschen zu befragen, wie diese **Ihre** Position auf der Geraden „sehen".

Modul 7 – CHECK: männlich/weiblich?

Es gibt gute Gründe für das Märchen, Männer und Frauen seien eigentlich „gleich" (alle Unterschiede seien der Erziehung zu verdanken). Bei Interesse bitte Merkblatt 4 (s. Seite 159ff.) lesen. Ab jetzt sprechen wir über Aspekte, die m. E. jeder zur Kenntnis nehmen sollte.

Insgesamt kann man ca. zwei Drittel aller Menschen einigermaßen klar als männlich oder weiblich einstufen, ein Drittel hingegen verteilt sich auf eine unglaubliche Menge von „Einzel-" und „Störfällen". Hier nur eine kurze Andeutung der Probleme, die auftauchen können:

1. Es gibt eine **GENETISCHE Disposition**, die jedoch erst entwickelt werden muß, und auf dem Weg dorthin lauern alle möglichen Gefahren. Werden die Signale, die sagen: „Mache das heranwachsende Wesen MÄNNLICH!", nicht gesendet oder können sie nicht empfangen werden, wiewohl sie gesendet wurden, wird sich das Kind im Zweifelsfall WEIBLICH entwickeln (wir kommen darauf zurück).

2. Bereits nach der Geburt zeigen sich Unterschiede: **Jungen nehmen nur ca. halb so oft Augenkontakt** mit der Mutter (oder einer anderen Bezugsperson) **auf wie Mädchen, sie hören weniger lange zu, wenn man mit ihnen spricht, und sie interessieren sich eher für die WELT** (lauschen also auf andere Geräusche als Mädchen).

3. Für den Abschied am Eingang vom Kindergarten benötigt das Mädchen dreimal so lange (inkl. „winke, winke") wie ein Junge. Dieser wartet nur darauf, daß die Mutter endlich aufhört, an Mütze und Knöpfen herumzufummeln, damit er zu seinen Freunden rennen kann. Er dreht sich in der Regel auch kein einziges Mal um, während das Mädchen mehrmals guckt, winkt, einige Schritte geht und sich wieder umdreht.

4. Bitten wir 3jährige, uns eine Geschichte zu erzählen, so erzählen die Jungen von Gefahren und Abenteuern, die sie mit

vielen lauten Geräuschen untermalen (Wumm, Zack, Bumm). Regelrechte kleine Stephen KINGs, während die angehenden Rosamunde PILCHERs uns erste Beziehungsdramen schildern...

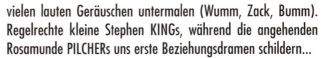

5. Wenn die Kinder größer werden, können wir folgendes hören und beobachten: Das Mädchen imitiert, was es HÖRT (also wird erst gebrabbelt, dann gesprochen). Auch der Junge imitiert, was er HÖRT: Wruuummmm, wruuuummmm u.ä. Sämtliche Lärmquellen sind für ihn viel interessanter als Stimmen. Einzige Ausnahme: Tierstimmen...

6. Bis zum Vorschulalter haben Jungen und Mädchen sich bereits stark voneinander entfernt. Jungen spielen in gruppendynamischen Verbänden und stark hierarchisch; auch nach längerem Spielen kennen sie die Namen neuer Kameraden in der Regel NICHT. Mädchen dagegen spielen demokratisch (zusammen oder schön der Reihe nach) und kennen HINTERHER auch meist die Namen der neuen Kameradinnen. **Man beachte:** Das sind keine anerzogenen Mätzchen; diese Verhaltensweisen entspringen der männlichen bzw. weiblichen Hirn-Architektur.

7. Es ist kein Zufall, daß 80 % der angeblich Lernbehinderten männlich sind (mehr dazu in meinem DVD-Mitschnitt und meinem Buch „Jungen und Mädchen – wie sie lernen"*). Dafür gibt es mehrere Gründe. Um nur zwei zu nennen:

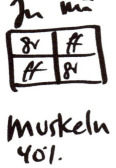

- **Jungen entwickeln zunächst die GROBMOTORIK und erst nach der Pubertät die FEIMOTORIK. Bei Mädchen ist es umgekehrt.** SCHÖNSCHREIBEN aber ist feinmotorisch und für kleine Jungen daher fast nicht zu schaffen.

- **Jungen müssen fast doppelt so viel Muskelmasse entwickeln** (der männliche Körper besteht zu 40 % aus Muskeln, der weibliche nur zu 24 %). Das heißt, sie müssen Muskeln durch BEWEGUNG aufbauen, diese durch weitere Bewegung trainieren und im Gehirn die nötigen Verbindun-

---

* Genaugenommen heißt die DVD „Männer/Frauen, Jungen/Mädchen – wie sie lernen", während sich das Buch ausschließlich auf die Kinder beschränkt: „Jungen und Mädchen: wie sie lernen".

gen schaffen, um sie richtig bewegen zu können. Deshalb müssen Jungen sich bis zur Pubertät tagtäglich mehrere Stunden lang bewegen, in der Schule aber zwingt man sie, ständig stillzusitzen.

Hinzu kommt, daß sie inzwischen auch nicht mehr auf der Straße spielen können. Spielplätze wurden Parkplätzen geopfert (das bringt mehr Wählerstimmen), und Sportplätze (früher in fast jedem Stadtviertel vorhanden) muß man heute mit der Lupe suchen. Auch im Haus dürfen sie im Treppenhaus nicht rennen. WO BITTE SOLLEN JUNGEN DIE ENTWICKLUNG DURCHLAUFEN, die sie dringendst benötigen??? Wären Ballspiele und Übungen für die Hand-Auge-Koordination (z. B. Spiele, bei denen man zielen und werfen/schießen muß) Schulfächer, dann könnten die Jungen ihr ureigenstes Wesen genauso entwickeln, wie die Mädchen das dürfen.

Wo spielen? Wo sich BEWE- GEN??

Ab dem Alter von 3 bis 4 Jahren ziehen Kinder übrigens das eigene Geschlecht vor, wenn man sie in Ruhe läßt. Gibt es nur ein oder zwei Nachbarskinder, dann spielt das keine Rolle, sind aber mindestens 8 bis 12 Kinder zusammen, dann driften sie in eine Jungen- und eine Mädchengruppe auseinander. Da Jungen und Mädchen wie auch später Männer und Frauen grundverschieden sind, gibt es einige Dinge, die sie besser separat machen, um ihre eigene Identität zu entwickeln. Ist das gelungen, werden sie auch fähig, eine Partnerschaft einzugehen. Geschwächte Identitäten können das nicht. Sie wollen sich nicht von anderen Männern oder von „emanzipierten Frauen" kritisieren lassen. Es hat noch nie so viele kaputte Beziehungen gegeben (in allen Industrieländern). Je offener die Gesellschaft wird, desto schwieriger wird es für junge Männer (wie wir an unseren Schulen beobachten können); sie fühlen sich nirgendwo zugehörig.

Auch dies ist ein Teilthema meines anderen DVD-Mitschnitts („Männer/ Frauen – mehr als der kleine Unterschied?").

Männer/Frauen – wie steht es um die Unterschiede?

Besonders gut lesbar und mit sauberen Quellenangaben ist „Evas Rippe" von Robert POOL.

Eines der besten Bücher zu dieser Thematik (s. Rand) stellt die Grundlage der Männer-/Frauen-Forschung hervorragend dar, ist leicht lesbar und bietet jede Menge sauber recherchierter Quellen für alle, die weiterlesen wollen. Deshalb wollen wir die Diskussion an dieser Stelle auf ein Minimum beschränken. Schließlich ist unsere Hirn-Architektur ja nur EINER von mehreren Aspekten, die unseren persönlichen Erfolg ermöglichen oder verhindern können. Aber wer mehr über dieses wichtige Thema wissen möchte, wird mit POOL einen der besten Einstiege erhalten. Ansonsten sind alle mit Sternchen (*) gekennzeichneten Bücher hilfreich (s. Literaturverzeichnis).

Halten wir fest, daß das Geschlecht eines Menschen nicht von zwei Faktoren (Genetik oder Umwelt) definiert wird, sondern von dreien (Genetik, Mutterleib und Umwelt). Bis zu einem gewissen Grad könnte man den Uterus als UMWELT definieren, aber damit meint man eher die erzieherischen Einflüsse anderer Menschen. Das sind natürlich nicht nur die Eltern (Nachbarn, Lehrkräfte), sondern zum großen Teil sogenannte PEERS (Mitmenschen desselben sozialen Status, oft Altersgenossen). Nun kommt als dritter maßgeblicher Faktor also die Zeit der **Reifung** hinzu:

- Das potentielle Wesen wird gezeugt. In der ersten Vereinigung von Samen und Ei wird zunächst einmal ein **GENETISCHES Geschlecht** festgelegt.

Die Prädisposition ist im Zweifel WEIB-LICH ♀

- Wenn gewisse Dinge dann NICHT passieren, **wird sich dieses Wesen WEIBLICH entwickeln**, unabhängig vom genetischen Geschlecht. Sie kennen vielleicht gewisse DEFAULT-Werte (Voreinstellungen) bei Computer-Programmen, der DEFAULT-Wert in der Natur ist WEIBLICH. Deshalb heißt das oben erwähnte Buch von Robert POOL „Evas Rippe" nach dem Motto: Wenn jemand aus der Rippe eines anderen Menschen geschnitzt worden war, dann Adam aus Evas, da sie zuerst da war!

- Es müssen **im Mutterleib gewisse Dinge passieren, damit die Entwicklung reibungslos abläuft**. Bei **zuviel Testosteron** werden die Wesen, die genetisch weiblich waren, dermaßen maskulinisiert, daß sie (fast) wie Jungen aussehen. Sie benehmen sich später auch ziemlich maskulin, aber spätestens in der Pubertät stellen wir fest, daß sie sich zu Frauen entwickeln (s. Rand). Es gibt auch den **gegenteiligen Fall**, ein Erbschaden, der dazu führt, daß Kinder Mädchen zu sein scheinen und sich in der Pubertät als männlich herausstellen (weil der zuvor IM BAUCH liegende Penis sich unter dem Einfluß der Pubertäts-Hormone „entfaltet" und nach außen wandert). Die meisten dieser Menschen wollen sich als Mann weiterentwickeln (sie können auch Kinder zeugen und die Erbkrankheit weitergeben), aber einige wenige sind in ihrer „Frauen"-Rolle so verankert, daß sie als Pseudo-Frau weiterleben wollen.

    Sogenannte AGS-Mädchen

- **Oder es wird ein Kind mit dem genetischen Geschlecht MÄNNLICH gezeugt, das an einem Genschaden leidet,** der es für Testosteron immum macht. Da aber erst Testosteron im Mutterleib dazu führt, daß ein genetisch männlich angelegtes Kind sich auch tatsächlich männlich entwickeln kann, **werden diese Kinder sich wie Mädchen entwickeln.** Diese sogenannten AIS-Frauen wachsen zu extrem gut aussehenden Frauen heran, haben aber nicht die inneren Organe einer „echten" Frau (Eierstöcke und Uterus) und können daher keine Kinder bekommen (genetisch waren sie ja männlich).

    AIS-Frau

    Vgl. meine DVD „Männer/Frauen – mehr als der kleine Unterschied?".

Bei Wesen, die GENETISCH MÄNNLICH angelegt waren, gibt es jede Menge potentieller Probleme. Die AIS-Frau (s. oben) ist so ein Fall.

Die Architektur des Gehirns sollte sich theoretisch eher männlich oder eher weiblich entwickeln, da aber sehr viele externe Faktoren (wie Medikamente, die die Mutter einnimmt, oder Ängste, unter denen sie leidet, oder wenn die werdenden Mütter hungern, rauchen, trinken, kiffen etc.) hier eine Rolle spielen, gibt es die „theoretisch saubere" Entwicklung weit seltener, als man früher annahm. Man kann das vereinfacht so darstellen: Jedes Lebewesen folgt einem gewissen Entwicklungsplan. Wenn wir uns diesen wie einen Stundenplan in der Schule (über die gesamten 9 Monate) vorstellen, dann können wir sagen: Zu gewissen Zeiten sind gewisse Entwicklungen „dran" (z. B. die Fähigkeit, räumlich zu sehen bzw. sich Dinge räumlich vorstellen zu können, oder die Fähigkeit, die richtigen Worte zu „finden"). Ist nun zu diesem Zeitpunkt mehr Testosteron „anwesend", dann entwickelt sich das Gehirn in Bezug auf **diese** Fertigkeit MÄNNLICH, andernfalls weiblich. Sie merken: Um eine MÄNNLICHE Entwicklung zu produzieren, muß etwas ANWESEND sein (Testosteron), während für eine weibliche Entwicklung die Abwesenheit reicht (die ja im Zweifelsfall per DEFAULT stattfindet).

Aus dieser MISCHUNG ergibt sich im Laufe der Zeit ein Wesen, das in **einigen** Aspekten auf unserer Geraden (s. Seite 46) weiter links, in anderen Fällen weiter rechts „angesiedelt" ist. Also reicht EINE Gerade eigentlich nicht, und wir sollten viele Geraden andenken – für jeden möglichen Aspekt eine. Zum Beispiel:

Räumliches Sehen:

Verbale Fertigkeit:

In jedem der vielen möglichen Aspekte hängt die Entwicklung der Gehirn-Architektur davon ab, was zu jenem Zeitpunkt im Mutterleib „los war" (Testosteron, Hunger bzw. Streß der Mutter).

Daher gibt es Frauen, die im Bereich räumliches Sehen auf der Geraden ganz weit LINKS liegen, aber es sind nur wenige, weil die Wahrscheinlichkeit, daß die dafür nötigen männlichen Hormone im Mutterleib ein männliches Wesen beeinflussen, weit größer ist. Deshalb gibt es nur wenige Architektinnen, Ingeneurinnen, Rennfahrerinnen etc. – auch wenn man den Frauen, die diesen Weg gehen wollen, keine Hindernisse in den Weg legt (wie in Israel).

Nehmen wir an, wir könnten uns in mindestens 50 (vielleicht sogar in 100) Aspekten klar einordnen (wie weit „links" oder „rechts" wir „liegen"), dann ergäbe sich ein **Gesamtbild**, und das ist der Grund, warum ich die BLASE auf der Geraden vorschlage. Wir befinden uns nicht mit unserer ganzen Persönlichkeit auf einem „Punkt", aber die meisten Aspekte werden sich in einer „Gegend" HÄUFEN, und das soll die Blase illustrieren.

Nachfolgend sehen Sie das Diagramm eines „männlichen" Mannes, in dessen Entwicklung es im Uterus zuwenig Testosteron gab, als einer der vielen Aspekte (Kreuz) sich entwickelte. Deshalb landet dieser Aspekt „drüben" auf der „weiblichen" Seite:

Nun betrachten wie eine „weibliche" Frau, in deren Entwicklung sich zuviel Testosteron im Uterus befand, als dieser Aspekt „dran war".

Wenn Sie die „Blase" einordnen können, dann sehen Sie, daß wir uns von der Idee der zwei „Schubladen" (Kategorien), nämlich Mann ODER Frau (schwarz oder weiß), entfernt haben. Es gibt viele Mischtypen (Grautöne), und genau das macht die wunderbare Vielfalt der Menschen aus. Wir greifen die Idee des Spektrums in Modul 8 wieder auf („Sind Sie ein ASPIE?", Seite 121ff.), aber zuvor möchte ich Ihnen noch einige Tips für den ganz normalen Alltag anbieten:

Praktische Konsequenzen

Auch wenn wir in diesem Rahmen nicht alle Aspekte „beweisen" können, lassen Sie mich Ihnen neun typische Unterschiede vorstellen. Dies kann Ihnen auf dreierlei Weise helfen:

a) **sich selbst** besser zu verstehen
b) die **GeschlechtsgenossInnen** besser zu verstehen
c) das jeweils **andere Geschlecht** besser zu verstehen

Wahrnehmung: SEHEN UND HÖREN (1–4)

1. ER ist ein „Augentier", schätzt also besonders **visuelle** Stimuli; sie hört viel besser als er und registriert **auditive** Stimuli bewußter. Beispiel: Denken Sie an die Situation, in der man sich ein paar schöne Stunden (oft nur Minuten) machen will: ER will viel Licht und etwas sehen; sie möchte es eher dämmrig und etwas hören (angefangen von romantischer Musik bis hin zu seiner geliebten Stimme).

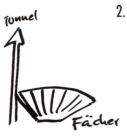

2. ER hat Tunnel-Vision, sein Spektrum ist LANG UND SCHMAL (Eselsbrücke: So kann er die Gazelle am Horizont noch erkennen). SIE hingegen hat „Fächer-Vision", ihr visuelles Spektrum ist kurz und breit. Daher sitzt sie neben ihm im Auto und kann NICHT nachvollziehen, daß sich sein Überholvorgang „rechnet", denn sie sieht ja nicht so weit nach vorne wir er; außerdem ist ihre Fähigkeit der räumlichen Vision geringer – wie auch ihr räumliches Vorstellungsvermögen. Aber SIE sieht breit (es gibt Leute, die behaupten, Frauen, insbesondere Muttis, hätten Rundum-Vision).

3. Daraus ergibt sich das Dilemma mit der Butter im Eisschrank. Er geht zum Eisschrank, um die Butter zu holen. In den ersten Wirtschaftswunder-Jahren war dieser noch klein, da reichte seine SCHMALE Vision. Heute aber ist es ein Eis-SCHRANK; er müßte ihn in mehreren schmalen Bahnen senkrecht SCANNEN, um die Butter zu finden. Dazu müsste er jedoch die Tür längere Zeit auflassen, was sie wiederum gleich kritisiert. Also wirft er nur einen (panischen) Blick hinein und verkündet: „Keine Butter

da!" Daraufhin geht sie zum Eisschrank, wirft selbst einen (Fächer-)BLICK hinein, greift die Butter und sagt: „Da ist sie doch!" Sehen Sie, das sind praktische Konsequenzen im Alltag. Er ist nicht „zu blöd", die Butter zu finden, sondern seine Sicht ist ANDERS. Deshalb haben Männer auch Kühlschränke entwickelt, in deren TÜREN es Fächer für alles Wichtige gibt: BUTTER, KÄSE, EIER und natürlich FLASCHEN.

4. Die verschiedenen Seh-Gewohnheiten haben noch eine weitere Auswirkung: ER hat das **Kleingedruckte** erfunden, damit er mit SCHMALEM Blick den Überblick behält; sein Auge kann schärfer FOKUSSIEREN (Prinzip Adlerauge). Er kann auch besser zielen und treffen. SIE sieht mehr PERIPHER, nimmt also viele Details wahr, die nicht direkt VOR ihr liegen (für die er blind und taub ist). Wenn Sie also Prospekte, Kataloge, Zeitschriften, Web-Sites gestalten und Ihre Kunden sind eher **Kundinnen**, dann respektieren Sie dies bitte und verärgern uns nicht ständig mit KLEINGEDRUCKTEM. Es wird immer moderner, mit einer 6- bis 9-Punkt-Schrift zu arbeiten. Das ist eine FRECHHEIT, wenn Sie FRAUEN erreichen wollen! Gestalten Sie hingegen Materialien, die vorwiegend MÄNNER ansprechen sollen, dann geben Sie Ihnen das KLEINGEDRUCKTE. Und wenn Sie beide Zielgruppen ansprechen wollen? Dann sollten Sie darüber nachdenken, ob Sie nicht zwei Varianten anbieten können/wollen...

PROBLEME und FRAGEN (5–7)

5. ER will erst allein nachdenken, bis er das Problem verstehen und formulieren kann; SIE will mit jemandem darüber reden (gemeinsam sprech-denkend herausfinden, worin das Problem besteht).

Dies hat John GRAY in seinem Buch „Männer sind anders, Frauen auch" sehr gut erklärt.

6. Für IHN gilt ein Problem als gelöst, wenn ER einen Plan gefaßt hat. Ab jetzt kann er wieder ruhig schlafen. Für SIE hingegen ist ein Problem erst gelöst, wenn alle Punkte auf dem Plan abgehakt sind.

7. Denken Sie an unser KOKMMUNIKATIONS-MODELL (Inventur, Seite 39ff. und Besprechung, Seite 61ff.). Für IHN laufen FRA-

GEN hauptsächlich auf der strategischen Ebene ab: Gebe ich mir eine Blöße, wenn ich die Frage stelle? Wird man es als Schwäche werten? Er ist nicht bereit, zu fragen, weil er befürchtet, es könnte seine Position schwächen. Für SIE laufen Fragen (ihre und die anderer) entweder auf der **Inhalts-Ebene** (Was will der andere/ich wissen?) oder auf der **Beziehungs-Ebene** ab. Deshalb (unbewußte Strategie) stellen Frauen auch mal Fragen, deren Antwort sie schon kennen (was ihn zur Weißglut treiben kann). Er hält das für alberne Spielchen, während SIE es als Möglichkeit sieht, eine neue Beziehung aufzubauen oder eine vorhandene zu pflegen. Und deshalb begreifen Frauen nicht, warum er z. B. nicht bereit ist, nach dem Weg zu fragen. Lieber fährt er 40 Minuten in der Gegend herum, als zu fragen („Hier irgendwo muß das Restaurant doch sein!"), während beide vor Hunger „sterben". Ist es ein Wunder, daß die Männer GPS etc. erfunden haben und uns jetzt eine angenehme Stimme sagt, wo es langgeht? Das ist TECHNIK, die darf ein Mann immer verwenden, nur Menschen fragen darf er nicht, will er nicht sein Gesicht verlieren...

HANDELN UND/ODER DENKEN (8+9)

8. ER handelt zuerst und denkt anschließend; SIE denkt zuerst (deshalb lesen Frauen Gebrauchsanleitungen, die männliche Entscheider ihnen in immer stärkerem Maß vorenthalten). Warum? Böser Wille? Aber nein! Jeder schließt von sich auf andere! Da er Gebrauchsanweisungen nicht liest und seine Kumpel auch nicht, braucht sie wohl NIEMAND. Hmmm. Falls Sie also eher weibliche Kunden haben (Wer kauft wohl den Rasierer für Frauenbeine?), dann respektieren Sie das bitte!

9. ER ist bereit, zu **experimentieren**, die (Hinter-)Gründe interessieren ihn nur bedingt. SIE aber handelt erst, wenn SIE absehen kann, wie und wieso. Deshalb sind Schüler und Studenten eher bereit, stur zu pauken, während Frauen Möglichkeiten suchen, zu begreifen – was Pauken überflüssig macht (s. Modul „GEHIRN-GERECHTES Vorgehen", Seite 131ff.)

Modul 8 – CHECK: Sind Sie ein „ASPIE"?

Der deutsche Psychologe Wolfgang SCHMIDBAUER schrieb einmal, daß manche Infos „... in der Fachpresse eher versteckt als veröffentlicht werden". Wie wahr. **Deshalb wissen auch heute Betroffene kaum, worum es in diesem Abschnitt geht, wiewohl ihre Anzahl mit 1 von 200 recht hoch ist.** Früher schätzte man, daß nur 1 von 25 000 betroffen war, und so war es verständlich, daß kaum jemand Bescheid wußte. Heute ist das nicht ok! Worum geht es? Nun, was sagt Ihnen der Begriff AUTISMUS?

Ihre Assoziation? _____

_____

Einer der Autismus-Forscher ist der Brite Simon BARON-COHEN. Das Brillante an seinem Ansatz ist die Verbindung der beiden Themen: AUTISMUS und das Spektrum männlich/weiblich. Er sagt nämlich, daß die beiden Extremformen im Diagramm menschliche Extremformen beschreiben, von denen das eine der AUTISMUS sei (vgl. sein Buch „Vom ersten Tag an anders"). Deshalb haben wir das Thema männlich/weiblich auch **vorher** behandelt. Im Spektrum von BARON-COHEN finden wir am **einen** Ende die totale Männlichkeit, am **anderen** die totale Weiblichkeit. Und wie so oft im Leben sind beide Extreme gleichermaßen ungünstig.

Wenn man über diese Fragen tiefer nachdenken möchte und die Diskussion fortführt, reagieren manche Menschen übertrieben (abwehrend), weil die Begriffe „männlich" und „weiblich" eine starke emotionale Wirkung und (intellektuell) einen ausgeprägten „semantischen Hof" (Bedeutungshof) besitzen. Deshalb wäre es hilfreich, ein anderes Begriffs-Paar zu finden. Darüber hatte ich schon lange nachgedacht, ohne zu einer Lösung zu kommen, denn auch das Begriffspaar LINKS und RECHTS (auf unserer Geraden) ist **vorbelastet**. Und da unsere Sprache das Denken weit mehr beeinflußt, als den meisten Menschen bewußt ist, war dies ein echtes Dilemma. Deshalb finde ich es so spannend, daß BARON-COHEN ein brillantes **Gegensatzpaar** geschaffen hat, das extrem hilfreich ist, weil wir nun relativ frei von Vorurteilen betrachten können, worum es geht.

Vgl. BARON-COHEN: „Vom ersten Tag an anders"

Und wie nennt BARON-COHEN die beiden „Enden"? Wir haben oben bereits angedeutet, daß Männer (und schon kleine Jungen) mehr Interesse and der WELT haben, während Frauen (und schon kleine Mädchen) sich mehr für andere MENSCHEN interessieren. Wir können auch sagen, Männer wollen die **Welt begreifen**, manipulieren, verändern – sie suchen also **Beziehungen zwischen den Teilen des SYSTEMS**. Auch Frauen geht es um **Beziehungen, aber menschliche**. Auf diesen Grundunterschied zielt die Unterscheidung, die BARON-COHEN trifft, wenn er fragt: Inwieweit verhält sich ein MENSCH, bezogen auf gewisse Aspekte, SYSTEMATISIEREND oder EMPATHISIEREND? (Wichtig ist dabei das beobachtbare VERHALTEN, unabhängig von irgendeiner Lehrmeinung.) Und damit haben wir unser neues Gegensatzpaar:

SYSTEM ⟵——————————————————⟶ EMPATHIE

Das Schlüsselwort links lautet SYSTEM, das rechts EMPATHIE (die Fähigkeit, mit jemandem (mit-)zuFÜHLEN).

SYSTEMATISIERENDES Denken sucht demnach Beziehungen zwischen Teilen von Systemen, EMPATHISIERENDES Denken sucht Beziehungen zwischen Menschen.

Somit können wir (stark vereinfacht) feststellen, daß Männer EHER (aber nicht ausschließlich) zu SYSTEMATISIERENDEM Verhalten neigen, Frauen eher zu EMPATHISIERENDEM... So, und nun fragen Sie sich, warum wir oben (Seite 121) von AUTISMUS gesprochen haben? Weil BARON-COHEN den Autismus am extremen linken Rand unseres Spektrums lokalisiert. Wer also 100% SYSTEMATISIEREND handelt, ist ein totaler AUTIST, wer relativ stark SYSTEMATISIERT, ist NOCH innerhalb des AUTISTISCHEN Spektrums, und nur wer relativ wenig SYSTEMATISIERT, ist nicht mehr im Spektrum des AUTISMUS zu finden. Das heißt: AUTIMSUS ist nichts, das man entweder „hat" oder „nicht hat" – wie eine Grippe –, sondern man kann graduell (mehr oder weniger) AUTISTISCH „sein". Diese Einsicht allein ist schon immens wichtig. Und jetzt schauen wir uns das genauer an:

1. **Autisten sind weitgehend nach innen gewandt.** Sie können kaum, teilweise auch gar nicht mit der Welt kommunizieren. Die Hypothese, die mir am meisten einleuchtet (von verschiedenen möglichen), lautet: Es fehlt ETWAS, das Menschen normalerweise dazu befähigt, SINN in der Welt zu erkennen. Wahrnehmung passiert nicht einfach, Wahrnehmung entsteht unter AKTIVER Mitarbeit des Gehirn-Besitzers. Wenn es jedoch nicht möglich ist, den ständigen Strom von Wahrnehmungen in gewisse Denk-Kategorien zu sortieren (das ist ein STUHL, das ist eine TÜR, das ist die MUTTI), dann muß die Welt ein entsetzlicher Ort sein. Das einzige, was sie fasziniert, sind gleichmäßige Muster, die ihnen Orientierung verschaffen, wie das Ticken einer Uhr oder visuelle Muster (z. B. die Fliesen im Badezimmer, das sie dann am liebsten kaum mehr verlassen wollen).

    AUTISTEN

2. **Viele sogenannte SAVANTS (früher als „Idiots SAVANTS" bezeichnet) sind Autisten:** Einerseits wenden sie sich nach innen, kommunizieren also nur teilweise oder gar nicht mit der Welt, während sie andererseits eine sogenannte INSEL-Begabung besitzen und auf irgendeinem Gebiet phänomenale Leistungen vollbringen. Der Zahlen-Jongleur in dem Film „RAINMAN" gab Laien eine erste Ahnung davon, was Autismus alles sein kann. Inzwischen hat es einige aufsehenerregende Berichte gegeben (BBC-Exclusiv), so daß viele heute ein wenig Ahnung von dieser Variante des Autismus haben. Aller-

    (Idiot) SAVANTS

    FILM: RAINMAN

dings können die meisten Leute in diesen Berichten besser mit der Welt kommunizieren als viele andere Autisten.

3. Viele isoliert wirkende Menschen (Forscher, Bastler, Tüftler, Autoren) gehören zum rechten Rand des AUTISTISCHEN Spektrums (s. unten), das Stichwort lautet ASPERGER (Abkürzung Aspies), wir kommen gleich darauf zurück.

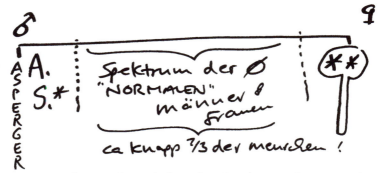

Wir können also auch das Gebiet des Autismus als eine Art Blase darstellen, wobei BARON-COHEN diese Blase auf das Spektrum männlich/weiblich gesetzt hat. Es kann allerdings nicht Thema dieses Buches sein, über ausgeprägte AUTISTEN zu sprechen (BARON-COHEN ist ein guter Start, wenn Sie mehr wissen wollen), uns geht es um die „milden" Betroffenen:

Das sind **Menschen, die relativ normal auf andere wirken**, die sich oft stark spezialisieren, oft ungemein intelligent und/oder kreativ sind. Manche fühlen sich als Außenseiter, manche werden von anderen als eigenartig wahrgenommen. Dieser „milde Autismus", wird als ASPERGER oder Asperger-Syndrom bezeichnet (nach dem Wiener Psychiater **Hans ASPERGER**, 1906 – 1980). Er war der erste, der diese Variante beschrieb, weshalb man sie heute nach ihm benennt. Die deutsche Interessengemeinschaft für Betroffene bezeichnet solche Menschen als ASPIES, und so heißt demzufolge auch ihre Vereinigung (vgl. **www.aspies.de**).

Sie merken, wir sprechen von Menschen, nach denen unser Selbst-CHECK gefragt hat (s. Seite 47ff.).

---

* ASPERGER-SYNDROM
** nach BRIZENDINE: menschlicher Gefühls-Detektor

Jetzt kann ich Ihnen verraten, daß sich die Fragen im Inventur-Teil (Seite 48ff.) auf die folgende **hervorragende Kurz-Darstellung des Asperger-Syndroms** beziehen. Ich habe sie aus der Beschreibung „herausgelöst", um Ihnen den Einstieg zu erleichtern. Lesen Sie weiter und prüfen Sie: Sind Sie betroffen? Kennen Sie jemanden, der/die betroffen ist? Ich darf Ihnen mitteilen, daß ich betroffen bin und das (durch BARON-COHEN) erst vor einigen Jahren erfuhr. Mein Leben wäre um einiges leichter gewesen, hätte ich das früher gewußt. (Jetzt kennen Sie schon zwei meiner „Geheimnisse": Ich bin neuronal langsam und ein Aspie, also eigentlich relativ „benachteiligt" angelegt, und trotzdem ist aus mir etwas geworden...

Das Asperger-Syndrom (von Colin MUELLER)

Klinische Bezeichnungen: Asperger-Syndrom, Asperger-Störung, High-Functioning-Autismus, Autismus-Spektrum-Störung

Du kennst Menschen mit Asperger-Syndrom vielleicht als: Geeks, Nerds, Exzentriker, zerstreute Professoren, Einzelgänger, Spezialisten, „schüchtern", „komisch", „von einem anderen Planeten"...

Ich danke ASPIES e.V. für die Erlaubnis, diesen Text (auf www.aspies.de) zitieren zu dürfen.

Das Asperger-Syndrom bedeutet, daß das Gehirn **anders aufgebaut** ist und dass man **deshalb die Welt anders wahrnimmt als die meisten Menschen**. Nicht falsch, nur anders. Das Asperger-Syndrom ist **keine Krankheit, sondern ein neurologischer** Unterschied. Wiewohl die Begriffe, mit denen das Asperger-Syndrom beschrieben wird (Syndrom, Störung usw.), pathologisierend sind, ist es richtiger zu sagen, das Asperger-Syndrom ist eine andere Art zu sein. **Ein Teil menschlicher Vielfalt.**

Das Asperger-Syndrom hat einige charakteristische Merkmale:
- eine ungewöhnliche Wahrnehmungsverarbeitung
- eine ungewöhnliche soziale Interaktion
- eine ungewöhnliche Art der sozialen Kommunikation

- Schwierigkeiten, nicht-autistische Menschen zu verstehen
- häufig motorische Ungeschicklichkeit

Ungewöhnliche Wahrnehmungsverarbeitung

Aspies neigen dazu, sehr sensibel auf Sinnesreize zu reagieren. Laute Geräusche, helle Lichter, starke Gerüche oder unerwartete Berührungen können einen „Overload" verursachen. Bestimmte dauerhafte Geräusche, wie z. B. verschiedene Stimmen, die durcheinanderreden, können sehr anstrengend sein. Aspies bevorzugen häufig ruhige Umgebungen mit gedimmtem Licht. Manche tragen Ohrstöpsel und Sonnenbrillen, um sich gegen zu viele Reize abzuschirmen. Art und Ausmaß der Reizempfindlichkeiten sind von Aspie zu Aspie sehr unterschiedlich.

Die Wahrnehmungsverarbeitung kann (verglichen mit der Durchschnittsbevölkerung) Überempfindlichkeiten, Unterempfindlichkeiten oder beides umfassen.

Häufig sind Überempfindlichkeiten gegenüber

- Lärm – z. B. plötzlicher, durchdringender Lärm; schrille, kontinuierliche Geräusche (z. B. von vielen elektrischen Geräten); sehr viele Geräusche durcheinander (z. B. im Supermarkt)
- Berührung – manche Aspies mögen es generell nicht, berührt zu werden, manche mögen unerwartete Berührungen nicht, bei manchen sind bestimmte Körperbereiche besonders empfindlich, z. B. die Kopfhaut oder die Handgelenke. Häufig sind auch Abneigungen gegen bestimmte Kleidungsstücke aufgrund von sensorischen Problemen. Manche Aspies mögen keine leichten Berührungen, finden festen Druck aber angenehm. Temple GRANDIN entwarf aus diesem Grund ihre „Hugbox" oder „Squeeze Maschine", deren kräftiger Druck sie entspannte[*].

---

[*] In der Dokumentation „The Woman Who Thinks like A Cow" von BBC kann man diese Asperger-Frau sehen. Ihre Konstruktion erlaubt es ihr, sich von einem besonderen „Kasten" an jenen Körperstellen drücken zu lassen, an denen sie es angenehm findet.

- **Geschmack** – viele Aspies sind sehr wählerisch mit dem Essen.
- **visuelle Reize** – grelles Licht, grelle Farben, zu viele visuelle Reize auf einmal, Neonlicht, flackerndes Licht
- **Gerüche** – z. B. Parfüm, Deodorants, Putzmittel etc.

Eltern von Aspie-Kindern sehen diese Überempfindlichkeiten manchmal als ein Verhaltensproblem an, doch das sind sie nicht. Es ist wichtig, sich klarzumachen, daß **Überempfindlichkeiten keine Einbildung sind, sondern sehr real.** Wenn ein Aspie überempfindlich ist gegenüber einem bestimmten Nahrungsmittel, z. B. aufgrund dessen Geschmacks oder seiner Konsistenz, dann ist dieses Nahrungsmittel tatsächlich unerträglich für ihn oder sie. Und wenn ein Kind plötzlich **„grundlos" anfängt zu schreien (und oft selbst den Grund noch nicht nennen kann)**, dann sollten Eltern sich auf die Suche nach einer möglichen Quelle unerträglicher Reize machen. Vielleicht surrt irgendwo ein Elektrogerät?

Weniger auffällig sind **Unterempfindlichkeiten**, oft gegenüber Kälte oder Schmerzen. **Auch wenn ein Aspie in Gedanken oder in ein Buch vertieft ist, ist er oder sie vielleicht „wie taub" für den Rest der Welt, was auch immer passiert.**

Ungewöhnliche soziale Interaktion

Viele der Unterschiede beziehen sich auf die Art und Weise, wie Aspies mit anderen kommunizieren. **Ihre Art der Kommunikation ist eher direkt** und das hat verschiedene Folgen: Weil Nicht-Aspies **indirekte** Kommunikation meist als Höflichkeit sehen, sehen sie Aspies oft als unhöflich und taktlos. **Aspies sagen, was sie denken, anstatt „um den heißen Brei herumzureden".** So etwas wie „Dinge sagen, ohne sie zu sagen" gibt es für sie nicht. Umgekehrt interpretieren Nicht-Aspies manchmal in die Aussagen von Aspies etwas hinein, was darin *nicht* enthalten war. **Sie sind es nicht gewohnt, dass jemand genau das meint, was er oder sie sagt und nicht mehr, und haben deshalb Schwierigkeiten, Aspies zu verstehen.** Oft können sie nicht glauben, daß es keine versteckte Bedeutung gibt oder daß die Kommentare, die sie als grob und unverschämt empfanden, tatsächlich hilfreich gemeint waren. Das verursacht viele Missverständnisse, und **weil Nicht-Aspies in der Mehrheit sind, haben Aspies dabei meist das Nachsehen.**

Aspies interpretieren Sprache so, wie sie sie selbst verwenden: wörtlich und exakt. Sie „lesen nicht zwischen den Zeilen". Manche (aber keineswegs alle) Aspies haben Schwierigkeiten, Redewendungen und Ironie zu verstehen. Andere verwenden diese Konzepte selbst häufig. **Die meisten Menschen aber verwenden Sprache in einer unklaren und mehrdeutigen Weise,** bei der nur aus dem Kontext klar wird, was gemeint ist. Genauigkeit und Klarheit sind Kennzeichen der Sprache von Aspies. Aspies verwenden häufig eine formale Sprache in der Alltagskommunikation, wo andere Menschen Umgangssprache verwenden.

Aspies erkennen ungeschriebene soziale Signale sowie Körpersprache, Gesichtsausdrücke oder Tonfall nicht automatisch, sondern müssen, wenn sie sie lernen wollen, **Anstrengungen** machen, ähnlich wie jemand eine **Fremdsprache** lernt. Das Problem mit sozialen Regeln ist, dass sie zum einen extrem kontextabhängig sind, zum andern erfordert es Konzentration, sie zu beachten und anzuwenden. Und **Aspies tendieren dazu, sich auf eine einzelne Sache zu konzentrieren anstatt auf mehrere.** Das Nicht-Verstehen nonverbaler Signale führt oft zu Verwirrung, wenn Aspies und Nicht-Aspies kommunizieren. Der Nicht-Aspie sendet vielleicht Signale aus, dass er an einem bestimmten Thema nicht interessiert ist oder dass er es müde ist, überhaupt mit der anderen Person zu sprechen. Der Aspie erkennt die Signale nicht, und der Nicht-Aspie wird immer ärgerlicher, weil aus seiner Sicht (und auf einer unbewußten Ebene) seine Signale ignoriert werden.

Aspies interessieren sich meist nicht für die soziale Hierarchie einer Gruppe. „Cool sein" und „Image" sind Dinge, die Aspies im Allgemeinen nicht kümmern. In der Schule werden Kinder oft von anderen gehänselt, die dadurch ihr eigenes Ansehen steigern wollen. **Aspies sehen meist keine Notwendigkeit, ihr Image zu verbessern, schon gar nicht dadurch, dass sie andere schlechtmachen,** und verstehen auch nicht, warum andere das tun. Sie tun meist das, was sie tun wollen, ohne sich darum zu kümmern, ob es „cool" ist oder nicht. Leider führt das oft dazu, dass sie in der sozialen Hierarchie ganz unten landen und gemobbt werden.

Oft heißt es, dass Aspies lieber allein sind. Das stimmt so aber nicht. Zwar brauchen die meisten Aspies einige Zeit am Tag für sich allein, aber meistens wollen sie nicht die ganze Zeit allein sein. Sie wollen Freunde und mit anderen zusammen sein, haben aber oft eine lange Reihe schlechter Erfahrungen mit der Interaktion mit anderen Menschen gemacht, aus den beschriebenen Gründen. **Es ist nicht so schwer zu verstehen, warum viele Aspies schüchtern sind und/oder sich lieber von anderen fernhalten.**

Aspie-Kinder haben meist Schwierigkeiten, mit Gleichaltrigen (Nicht-Aspies) zu interagieren. Diese haben meist andere Interessen und eine andere Art der Kommunikation – deshalb fehlt eine gemeinsame Basis für eine Freundschaft. Aspie-Kinder spielen deshalb oft lieber mit jüngeren oder älteren Kindern oder halten sich unter Erwachsenen auf.

Spezialinteressen

Ein weiterer Aspekt der Aspie-Persönlichkeit ist das **Fokussieren auf ein spezielles Interessengebiet**. Aspies neigen dazu, sich auf ein spezifisches Thema zu konzentrieren und dieses Interesse sehr intensiv zu verfolgen. **Den Eifer und die Begeisterung, mit der sie sich ihrem Thema widmen, werden Nicht-Aspies so nie erleben.** Jedes denkbare Thema kann zum Interessengebiet werden, von Computern über Heizungsrohre bis hin zu mittel-

Quelle: www.aspies.de; ASPIES (= Selbsthilfeorganisation von Menschen im Autismus-Spektrum).

alterlicher Dichtung. Manchmal dauert ein Interesse jahrelang an, manchmal nur ein paar Wochen. (Ende Zitat)

Lassen Sie mich noch den **Leitsatz** dieser Vereinigung (ASPIES) vorstellen, er gefält mir ausgezeichnet und sollte allen Betroffenen MUT machen:

> Wir sehen **Autismus als einen Teil menschlicher Vielfalt**. Wir möchten akzeptiert und respektiert werden, so wie wir sind – und nicht „geheilt". **Vielfalt ist eine Stärke der Menschheit!**

So ist es! Ich lade alle Betroffenen (oder solche, die Betroffene kennen, betreuen etc.) ein, bei **ASPIES.de** vorbeizuschauen. Es gibt eine Menge Material (plus Newsletter) völlig gratis. Und wer Mitglied werden will (es gibt regionale Treffen): Die Jahres-Mitgliedschaft kostet unter 2 Euro pro Monat (natürlich bin auch ich gerade dabei, Mitglied zu werden)!

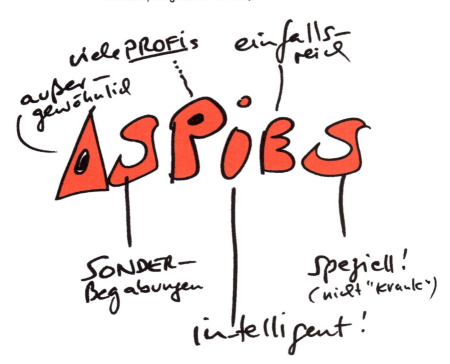

Modul 9 – CHECK: GEHIRN-GERECHTES Vorgehen

Unser persönlicher Erfolg (wie auch der unserer Lieben) hängt in einer zukünftigen Wissens-Gesellschaft von der Fähigkeit lebenslang zu lernen ab.

Meine Schulzeit... (einige autobiographische Notizen)

Ich fiel oft unangenehm auf, weil ich Fragen stellte, die Lehrkräfte nicht mochten, wiewohl ich aus **echtem Interesse** fragte. Aber manche Lehrkräfte meinen, eine Frage vor der Klasse müsse automatisch ihre Autorität angreifen, während sie dieselbe Frage, im Schulkorridor gestellt, gern beantworten. (Diese Einsicht hatte ich ca. 30 Jahre zu spät!) Damals (im Alter von ca. 11 bis 13 Jahren) fiel mir auf, daß in der Regelschule **die Lehrkräfte Fragen stellen**, um aufzuzeigen, wer was (nicht) weiß. Damit aber wird die immens wichtige FUNKTION der FRAGE als DENK-INSTRUMENT ad absurdum geführt. Erst Jahrzehnte später, als ich die brillanten Ausführungen von Neil POSTMAN hierzu lesen durfte, wurde mir klar, daß mein lebenslanges Bestreben, diese Fähigkeit zu entwickeln, richtig war. POSTMAN sagt z. B: „Das Kind betritt die Schule als FRAGEZEICHEN und verläßt sie als PUNKT." (In meinem Taschenbuch „Intelligente Rätsel-Spiele" führe ich dies näher aus...)

POSTMAN: „Das Kind betritt die Schule als FRAGEZEICHEN und verläßt sie als PUNKT."

In der Schule versuchte man, mir weiszumachen, die Methoden seien ok. Wenn ich also **Probleme** hätte (z. B. mit Vokabel-Pauken), müsse es demzufolge an mir liegen. Ich wollte das damals nicht glauben, war aber total verunsichert und investierte deshalb später viele Jahre, um eine Sprachlehr- und -lernmethode zu entwickeln, die das VOKABEL-PAUKEN VERBIETET. Warum? Weil ich **wegen einer 5 in LATEIN und ENGLISCH** (doppelter Mißerfolg beim Vokabel-Pauken) nicht weiterkam. Was viele nicht begreifen, ist aber, daß **Sitzenbleiben** eines der **schlimmsten FOLTE-**

RUNGs-Instrumente unseres Schulsystems ist, insbesondere wenn man in EINIGEN Fächern hervorragende Noten hat.

Da regen wir uns über die Amerikaner in Abu-Graib auf, weil es viel leichter ist, über ANDERE nachzudenken, aber wir überlegen nicht, was wir unseren eigenen Kindern Tag für Tag antun!

Stellen Sie sich vor, was es bedeutet, wenn man nicht zusammen mit den SchulkameradInnen weiterkommt und als Versager in eine neue Klasse geworfen wird. Deren SchülerInnen haben zunächst keine Veranlassung, uns zu akzeptieren. Wenn man obendrein in den meisten Fächern gute Noten hatte, ist die Wiederholung nicht nur langweilig (man kann sich zu Tode langweilen!), sondern es passiert auch etwas, womit die Lehrer überhaupt nicht rechnen: Man bekommt einen guten Blick für Lehrkräfte, die jedes Jahr dasselbe in derselben Weise vortragen und die ein Jahr später noch genau dort stehen, wo sie letztes Jahr standen – im Gegensatz zu jenen, die denselben Stoff jedes Jahr EIN WENIG ANDERS „bringen". Dies ist übrigens ein wichtiger Tip an alle, die regelmäßig „dasselbe" erzählen müssen.

> Variieren Sie die **Reihenfolge**, oder lassen Sie die SchülerInnen (MitarbeiterInnen, KundInnen etc.) erst ein kurzes ABC machen (2 Minuten), dieses mit einigen Sitznachbarn vergleichen (2 Minuten), und schon sind die Menschen INTERESSIERT an Ihren Worten. So einfach kann es sein, den Geist zu ÖFFNEN (z. B. durch eigenes assoziatives Denken jener, die man informieren will). Jetzt fallen Ihre Worte auf fruchtbaren Boden.

Das ist Folter!

Es ist spannend: GUTE LEHRKRÄFTE wissen sehr genau, wie sensibel Kinder für solche Wahrnehmungen sind (SCHLECHTE glauben, sie könnten Kindern mehr vormachen als Erwachsenen). Und genau diese Lehrkräfte leiden in der Schule am meisten, nehmen jedes Lehrer-Streß-Seminar wahr und lassen sich vorzeitig pensionieren oder entziehen sich in den letzten Jahren durch chronisches Kranksein dem Unterricht, weil der Streß zu groß ist. (Interessanterweise werden SchülerInnen, die versuchen, dem Streß in der Schule zu entfliehen, mit Polizei-GEWALT wieder zurückgebracht. Viele Kinder werden die Schäden, die das System ihnen zufügt, ihr Leben lang nie ganz verwinden...)

Es waren letztlich zwei Dinge, die mich retteten; sonst wäre ich garantiert entweder in der Gosse gelandet oder hätte mich umgebracht:

1. Ich hatte sehr früh gelernt, mir alles beizubringen, was mich wirklich interessierte. Erstens durch meinen Vater, der, wenn ich ihn etwas fragte, immer antwortete (bis ich ca. 7 Jahre alt war), auch wenn er nachschlagen mußte. Der SPRUCH in unserem Haus (mit dem schon er aufgewachsen war) lautete: „Man muß nicht alles wissen, man muß nur wissen (bzw. herausbekommen), wo es steht." Heute, im Zeitalter des Internet, ist das SUCHEN ja um einiges leichter geworden. In meiner Kindheit hatten Kinder, deren Eltern eine Metallic-Lackierung am Auto wichtiger fanden als eine Enzyklopädie, Pech. Wir litten zwar auch chronisch an Geldmangel, aber wichtige Bücher wurden immer irgendwie angeschafft, mal indem man wöchentlich abzahlte, mal indem man ansparte und dann kaufte. Ab meinem 7. Lebensjahr stellte er auf meine Fragen erst einmal eine Gegenfrage: „Na, wo meinst du, daß wir nachschauen können?" Dann konnte ich raten, und bald lernte ich, daß man im DUDEN eher die Rechtschreibung suchte (wir hatten damals nur diesen Duden und einen für Fremdwörter, heute gibt es viel mehr), im LEXIKON nach Sach-Informationen bzw. im PSCHYREMBEL nach medizinischen Fachbegriffen etc. Es ist also kein Zufall, daß ich mit ca. 9 Jahren ERST nachschlug, ehe ich (wenn ich nicht fündig wurde) ihn fragte. Mit 11 begann ich, die Abteilung der Lexika in der Stadtbücherei zu nutzen, später fühlte ich mich in der phänomenalen Bibliothek des deutschen Museums heimischer als an meiner Schule (die nur 100 m entfernt lag).
2. Ich gab seit meinem 13. Lebensjahr Deutschunterricht (für erwachsene Ausländer). Daher wußte ich von meinen amerikanischen Studenten, daß man in Amerika das College mit einem Eingangs-TEST betreten kann, so man ihn schafft. Da die High-School de facto mit der mittleren Reife endet, kommt es auf ein fehlendes Abitur nicht an. Nach dem Eingangs-TEST wird einem

auto-biographische Splitter...

mitgeteilt, in welchen Pflichtfächern man noch Lücken hat und welche Kurse man belegen muß. Ansonsten kann man studieren, was man will. Ich fand das System weit besser als das, was hier möglich gewesen wäre; also ging ich 1965 (mit 19) in die USA, lernte alles Nötige im Selbst-Studium und bekam dort die Möglichkeit, Psychologie und Journalismus zu studieren.

Übrigens spreche ich vom COLLEGE- und HIGH-SCHOOL-System der 1960er Jahre. Ich durfte im Rahmen meines Aufenthalts zwei Colleges kennenlernen, die ich beide phänomenal fand. Heute haben die Amerikaner im Grundschulbereich noch größere Probleme als wir, weil **beide Länder besonders bestrebt sind, die Kinder aus bildungsfernen Familien von der höheren Schulbildung fernzuhalten**. Zwar wird dies immer VEHEMENT geleugnet (und nur hinter vorgehaltener Hand zugegeben), aber wir wissen auch: Je lauter die Leute leugnen, desto mehr wissen (oder ahnen) sie, daß der Vorwurf doch „paßt". Aber zurück in die 1960er...*.

In meinem ersten Semester dort erfuhr ich in einem **KURS über erfolgreiches LERNEN** (dergleichen war uns in all den Schuljahren niemals angeboten worden!), daß man sehr wohl **über die gängigen Methoden nachdenken und diese in Frage stellen sollte**! Vielleicht ist es in diesem Zusammenhang auch interessant, daß die Amerikaner ein Dilemma sehr gut gelöst haben, nämlich die Frage: Soll es eine Anwesenheitspflicht geben (in Deutschland an den Schulen ja, an den Hochschulen jedoch nein) oder nicht? Nun, in Amerika gibt es sie, aber da man die KURSE frei wählen kann, die man nehmen möchte (im Gegensatz zu unserem Schulsystem), berät man sich mit den Studenten des Vorsemesters und besucht dann die interessantesten Kurse, erlebt also die Dozenten, die rhetorisch am besten sind oder die auf andere Weise ihr Fach besonders gut „rüberbringen" bzw. zur Mitarbeit motivieren können. Daraus ergibt sich sehr schnell: Hat jemand laufend einen

---

* Vgl. Text Nr. 13 (von John Taylor GATTO) in der Textschublade auf www.birkenbihl.de („Wie und warum das allgemeine Bildungswesen Kinder verkrüppelt").

(ziemlich) leeren Hörsaal, dann wird ihm keine echte Professur angeboten (jeder Dozent lehrt einige Jahre, ehe ihm ein Lehrstuhl angeboten wird). So entsteht ein hoher LEISTUNGS-Druck auch für Lehrende, und das ist nur fair! Deshalb habe ich in den Jahren dort nicht einen Dozenten gehabt, bei dem die Anwesenheit im Kurs zur Tortur wurde.

So wurde die Tatsache, daß man konkret **eingeladen** wurde, **alles zu hinterfragen**, inklusive der didaktischen Methoden bzw. der Art, wie man lernt, eine unglaubliche Be-FREI-ung. Ich erhielt schon im ersten Semester viele wertvolle Impulse. Aber auf Dauer befriedigte es mich noch immer nicht, weil auch dort **in manchen Fächern erwartet wurde, daß wir isolierte Daten, Fakten, Informationen pauken sollten**. Es erinnerte mich zu sehr an das isolierte Vokabel-Pauken meiner Schulzeit, und ich konnte mir nicht vorstellen, daß das optimal sein sollte. Aber ich hatte ja die FREI-heit erhalten, alles in Frage zu stellen, und *das war das große Geschenk dieses Kurses an mich*. Also begann ich zu **experimentieren**. Ab Ende 1969 veranstaltete ich noch in den USA (genaugenommen noch während des Studiums) erste kleine Workshops (Ende 1972 kehrte ich in meine Heimat zurück...). Hier begann ich, im BUSINESS-Bereich eine durchaus erfolgreiche Karriere aufzubauen – ich bin seit 1975 ständig so ausgebucht, daß ich für mein Institut für gehirn-gerechtes Arbeiten noch NIEMALS WERBUNG betreiben mußte. Zwar werden von freien Veranstaltern Seminare beworben und vom Versandbuchhandel einige meiner Werke, aber meine Firma, mein Institut hat nie aktiv geworben, und als Seminarleiter habe ich seit Ende 1975 keinerlei Akquise mehr betrieben, und darauf bin ich stolz. Auch spätere Projekte (z. B. meine zweite Website **www.birkenbihl-email-akademie.de**) laufen nur via *Mundwerbung*. Eines der Dinge, die ich in den USA gelernt habe, ist, daß die Empfehlungen zufriedener Kunden die beste (weil ehrlichste) „Werbung" ist, die man aber nur erreicht, wenn man hohe Leistung bringt und die Kunden ernst nimmt (vgl. mein Buch „BIRKENBIHL on Service"). Ich sage das

DIDAK-TIK hinterfragen

alles nur, damit Sie meine Frustration verstehen: Wiewohl ich mich als unbekannte FRAU im Business-Bereich (in dem damals NUR MÄNNER zugange waren) erfolgreich durchsetzen konnte, und zwar aufgrund meiner Leistungen, passierte bei den Seminaren mit **Lehrkräften** genau das Gegenteil. In Amerika waren beide Seminartypen (Business und Didaktik) gleich gut gelaufen, hier aber hörte ich von den ersten ca. 1800 Lehrern außer „Ja, aber bei uns geht das nicht!" fast nichts. Nur ca. 10% der Lehrer (wir sprechen jetzt von den Jahren 1976 bis 1979) waren BEREIT, über neue Wege auch nur **nachzudenken**, und die wurden dann von den ANDEREN im Seminar bzw. an ihren Schulen regelrecht gemobbt. Das heißt, daß damals einige der begabtesten Didaktiker völlig frustriert auf Privatschulen oder in die Erwachsenenbildung wanderten, weil sie endlich gehirn-gerecht arbeiten wollten! Daher machte ich einige Jahre lang nur Lehrer-Seminare, wenn einzelne Gruppen (die z.B. mein „Stroh im Kopf?" gelesen hatten) anfragten. Und trotzdem passierten immer wieder Pannen. So sollten z.B. in einer Gruppe nur Freiwillige sein, aber dann setzte der Rektor doch gegen alle Abmachungen mit der LEHRERIN, die das Ganze organisiert hatte, 17 Lehrer dazu, die keinen Bock hatten, die nur ihre „Weiterbildung" abhaken wollten und die das Seminar systematisch boykottierten. Ähnliches galt für Publikationen: Ich wurde jahrzehntelang als Außenseiter (Spinner) gehandelt. Bis ca. 2000 galt: Je erfolgreicher ich im Business-Bereich war, desto schlimmer wurde die Ablehnung vieler Lehrkräfte. Es ist nicht leicht, über viele Jahre an einer Position festzuhalten, die von fast allen verdammt wird. Tatsache ist auch, daß viele, die mich jahrelang angegriffen oder ausgelacht haben, inzwischen auf den Zug aufgesprungen sind, um nur vier Beispiele zu nennen:

1. Ich war bereits vor Jahrzehnten sicher, daß die Lösung für bessere Lern- und Lehrmethoden in der **Arbeitsweise des Gehirns** zu suchen sei und daß die gängigen Methoden gegen die angeborenen DISPOSITIONEN (und unser POTENZ-ial) kämpfen. Ergebnis: völlig frustrierte SchülerInnen, die trotz großen Aufwands nicht viel schaffen bzw. sich intuitiv gegen kontrapro-

duktive Techniken (wie Vokabel-Pauken) stemmen und dann dafür abgestraft werden.

2. Deshalb gründete ich das INSTITUT FÜR GEHIRN-GERECHTES ARBEITEN, wobei der Themenkomplex LERNEN und LEHREN, DENKEN (analytisch/kreativ) und FRAGETECHNIK (als Denk-Tool) in immer stärkerem Maße zu meinem Hauptforschungsbereich wurde.

3. Den Begriff „gehirn-gerecht" definierte ich als „MIT der Arbeitsweise des Gehirns arbeitend". Für LERNENDE ging es um optimale LERN-METHODEN, für LEHRENDE um bessere DIDAKTISCHE Ansätze (z. B. um die Lernenden zum aktiven Mitmachen einzuladen).

4. Einige jener, die jahrelang am lautesten gemeckert/gelacht haben, sprechen heute lieber von „Neuro-Didaktik". Das klingt wissenschaftlicher als mein in Deutschland seit Jahrzehnten eingeführter Begriff „gehirn-gerecht", bedeutet aber genau dasselbe. Ich publizierte mein Konzept erstmals Anfang der 1980er Jahre, als Gehirn für die meisten noch ein Teil der unappetitlichen Körperorgane war (igitt!). Übrigens wurde „Stroh im Kopf?" ein heimlicher Klassiker (wir sind derzeit in der 46. Auflage).

Tja, und dann ab ca. 2000 begannen die Lehrkräfte, sich für meine Arbeit zu interessieren. Warum? Nun, man könnte meinen, es hätte mit PISA zu tun, aber andere Trainer, die mit Lehrkräften arbeiten, bemerkten NACH PISA zunächst (mindestens 4 Jahre lang) keinen Unterschied in ihren Seminaren. Ich glaube, ich habe ab ca. 2000 endlich einen Weg gefunden, den Lehrkräften KLARER als je zuvor zu ZEIGEN, was ich damals mit den ersten 10 sogenannten NICHT-LERN LERN-STRATEGIEN (abgekürzt NLLS; neudeutsch: non-learning learning strategies) meinte. Außerdem fand die moderne Gehirnforschung immer mehr Beweise für jene Aspekte, die ich schon jahrelang (als Denk-Modell) gepredigt hatte. War es bis dahin die verrückte Theorie der „Spinnerin", war es nun Fakt. Und nicht zuletzt konnten die Lehrkräfte gewisse neue „Tricks" nach dem Seminar SOFORT ausprobieren und SEHEN, daß auch „schwierige"

SchülerInnen plötzlich mitmachen. Das heißt, ab diesem Punkt änderte sich die Atmosphäre. Übrigens können Sie diesen Punkt in der Entwicklung miterleben, weil ich zu jener Zeit eine Vorlesung an der TU München hielt, die auf DVD erhältlich ist. (Titel: „Von nix Kommt nix"; bitte Schreibzeug bereithalten, bei mir gibt es fast immer Möglichkeiten, aktiv mitzuarbeiten!) Außerdem begann ich zu dieser Zeit, das Intelligenz-Modell des Harvard-Professors PERKINS vorzustellen (s. Modul **Intelligenz + Kreativität**, Seite 72 ff.). Die Forschungsergebnisse von PERKINS sind eine phänomenale Grundlage, die Lehrkräften, Eltern und Lernenden gleichermaßen einleuchtet. Den großen Frieden mit den meisten Lehrkräften schloß ich 2003, als ich das Konzept der doppelten Checkliste vorstellte: Ab jetzt war es möglich, vorab oder hinterher festzustellen, ob der eigene Unterricht (der Vortrag, die Präsentation beim Kunden etc.) gehirn-gerecht war. Interessanterweise können dies nun auch die Opfer (SchülerInnen, MitarbeiterInnen, KundInnen, Seminar-TeilnehmerInnen etc.), und so wird die Sache einigermaßen objektiv meßbar – was sie auch leichter handhabbar macht.

Vgl. mein Buch „Trotzdem LEHREN".

Das vorliegende Buch kann die Thematik nur andeuten. Aber da LERNPROBLEME massive (oft lebenslange) Selbstwertgefühl-Probleme auslösen, dürfen wir sie nicht aussparen. Und da unsere Gesellschaft **den Schwarzen Peter bis jetzt** weitgehend **den Lernenden zuschiebt**, müssen diese davon ausgehen, sie seien zu dumm, untalentiert oder zu faul. Solange wir nicht offen und ehrlich über diese Dinge sprechen (z. B. im Fernsehen, und zwar HÄUFIG), so lange gibt es zu viele Lehrkräfte, Eltern und Lernende, die weiterhin denken, die SchülerInnen seien „schuld". Deshalb mußten wir das Thema zumindest ANREISSEN. Es erzeugt so ungemein viel negative Energie, soviel Leid, so viele langjährige Unsicherheiten. Und das alles, weil **unser Bildungs-System seinen Zielen nicht gerecht wird**. Wenn wir nicht aufpassen (die Zeit läuft), dann werden wir **als Drittweltland im Zeitalter der Wissens-Gesellschaft** unseren jungen Leuten bald NULL Chancen im Weltmarkt bieten.

Zwar schnitten beim ersten PISA-Test auch andere Länder sub-optimal ab, **aber die USA und Deutschland gehören zu den beiden Ländern, die am langsamsten „besser werden"**. Auch hierzu nur zwei Gedanken:

1. Wenn LehrerInnen schon meinen, **unbedingt frontal unterrichten zu müssen** (und das tun noch immer viele, und zwar über 80 % der Zeit), dann sollte man zumindest davon ausgehen können, daß sie bereit wären, sich **RHETORISCH** zu bilden, oder? Leider gehört RHETORIK **noch immer nicht** zur Ausbildung derjenigen, die ihr ganzes Berufsleben vor Menschen stehen und Vorträge halten. Ähnliches gilt übrigens in der Erwachsenen-Bildung. Auch die Lehrkräfte dort haben sich selten RHETORISCH gebildet. Einer der Gründe besteht wahrscheinlich darin, daß RHETORIK mit dem Spielen eines Instruments zu vergleichen ist, das heißt sehr viel TRAINING benötigt! In der berühmten TEXT-Schublade auf meiner Homepage (**www.birkenbihl.de**) finden Sie ein kostenloses e-book, das Ihnen zeigt, wie ich JEDEN NEUEN VORTRAG und JEDES NEUE SEMINAR (auch heute noch!) akribisch vorbereite. Ich kann nicht erwarten, mit neuen Daten und Fakten vor eine Gruppe zahlender Kunden zu treten und ohne Training rhetorisch geschickt zu sein. Aber die meisten Lehrkräfte, Dozenten etc. glauben, daß sie das können. Genaugenommen benutzen sie ihre zahlenden Kunden als „Versuchskaninchen"; ich mache das im Vorfeld, auch mehrmals. Manche Vorträge, wie z. B. „VON NULL AHNUNG ZU ETWAS CHINESISCH", werden 3 Wochen lang fast jeden Tag und jede Nacht geprobt, ehe ich sie ein einziges Mal halte (ab jetzt kann ihn jeder auf DVD sehen). Da ich jedes Jahr mindestens 5 neue Veranstaltungen habe (weil ich ja laufend Neues entwickle), bin ich ständig im Training.

   Text Nr. 25: „Steine im Fluß"

2. SchülerInnen (wie auch erwachsene TeilnehmerInnen in Seminaren) können nur lernen, wenn sie AKTIV beteiligt sind (und selbst denken dürfen). Wichtiger als die Ideen der Vortragenden/Lehrkräfte oder Chefs sind die **ASSOZIATIONEN** der Be-

troffenen. Wenn Lehrkräfte, Chefs, Kundenberater, Eltern etc. wollen, daß ihre Aussagen begriffen und gemerkt werden, müssen sie den SchülerInnen, TeilnehmerInnen etc. erlauben, **aktiv mitzudenken**. Leider sind immer noch zu viele Lehrkräfte damit befaßt, SchülerInnen zu „berieseln", weil sie in der Ausbildung einst gelernt haben, daß sie immer 100 % Kontrolle haben müssen. Tja, und dann wundern sie sich, daß die Opfer frustriert reagieren (depressiv herumhängen oder aggressiv werden) oder die Schule gleich ganz schwänzen.

Um den autobiographischen Teil zu beenden, kann ich noch berichten, daß mich ca. 2003 Herr Dr. BÖHM ansprach (der inzwischen unser Lehrer-Lehrer ist) und wir unsere **erste Lehrer-Pilot-Gruppe** starteten. Inzwischen hat er parallel dazu weitere aufgebaut (vor allem im Osten Deutschlands passiert immens viel), während unsere österreichischen und Schweizer TeilnehmerInnen ebenfalls eigene Gruppen ins Leben gerufen haben. Mittlerweile werden meine Ansätze in die Lehrer-Ausbildung in Österreich und der Schweiz integriert. 2006 kam Herr Kuhnke hinzu, mit dem wir die **www.birkenbihl-email-akademie.de** eingerichtet haben. Parallel dazu entwickeln wir Möglichkeiten, SchülerInnen direkt zu erreichen und ihnen klarzumachen, wie sie „an der Schule vorbei" Sprachen nach meiner Methode lernen können (halber Aufwand bei doppeltem Effekt), und zwar **mit dem Textbuch aus der Schule**. Außerdem beginnen wir, die ersten Eltern-Gruppen aufzubauen, denn so manche bildungs-FERNEN Familien sind weder dumm noch „Unterschicht", sondern **wollen als ehemalige Schulopfer einfach nicht mehr freiwillig lernen. Und diese Einstellung vermitteln sie durch das, was sie vorleben, auch ihren Kindern**. (Vgl. VERHALTEN = vorleben, Seite 142) Deshalb muß man ihnen erstens zeigen, daß echtes Lernen sehr wohl mit LUST (FREUDE-Hormonen, s. Fußnote Seite 144) einhergeht (wenn gehirn-gerecht),

S. „Denkblase" über dem Kopf der Figur auf www.birkenbihl.de.

---

* Falls Sie oder LehrerInnen, die Sie kennen, VIRTUELLE Mitglieder unserer Lehrer-Pilot-Gruppen werden wollen: info@bauchhirn.de.

sowie zweitens, daß sie es ihren Kindern SCHULDEN, sie besser auf die Wissens-Gesellschaft vorzubereiten, als der Staat es derzeit tut. Letztlich ist die Entwicklung der Kinder die Verantwortung der Eltern. Die kann man nicht delegieren und schon gar nicht an einen Staat, der in puncto Bildung so uneinsichtig ist!

Was ist denn heute anders?
Manchmal taucht die Frage auf, warum es DERZEIT so schlimm sein soll mit unserem Schulsystem, das doch unseren Großeltern auch nicht geschadet hätte. Antwort: Unsere Großeltern sollten noch für das **Industrie-Zeitalter** erzogen werden. Aber in den 1970ern begann das **Info-Zeitalter**, und das **Wissens-Zeitalter** steht vor der Tür. DESHALB ist ein Umdenken so dringend notwendig. Es ist verheerend, wie viele junge Leute heute ungeschult aus der Schule kommen. Früher, als die Betroffenen mit Muskel-Arbeit Familien gründen und Kinder großziehen konnten, ging das noch, aber diese Jobs machen heute Roboter. In meinen Management-Seminaren spreche ich von ZUKUNFTSTAUGLICHKEIT. Dort zeige ich auf, welche früher hart arbeitenden Leute den Wettbewerb inzwischen verloren haben (Bleisetzer, Textilarbeiter, Fließbandarbeiter, Schmiede und viele andere in der Fabrikation). Heute sind es in zunehmendem Maß sogar Kopfarbeiter, die den Wettbewerb an die preiswerteren Kollegen in Indien bzw. den Kollegen Computer verlieren (vgl. Merkblatt 3, Seite 157f.).

War die Schulbildung für unsere Großeltern (für ein anderes Zeitalter) noch passend, so ist dies ab den 1970er Jahren nicht mehr der Fall. Die PISA-SIEGER-Länder haben das früh begriffen und begannen bereits in den 1980er Jahren, umzustellen (also mehr als eine Generation vor uns). Bei uns ist heute noch lange nicht allen Eltern und Lehrkräften klar, wie brisant die Situation ist. Denn dadurch, daß wir unsere Jugend 25 Jahre zu lang für die **untergehende** industrielle Epoche gerüstet haben, **wurden auch unsere heutigen Entscheidungsträger weitgehend noch als Kinder des Industrie-Zeitalters erzogen**. Sind sie deshalb so blind für die Gefahren, die unserem Land drohen? Sie haben zugelassen, daß **eine ganze Generation betrogen** wurde, und sind im Begriff, die nächste Generation ebenfalls zu betrügen. Wir alle kennen junge Leute, die ohne Arbeit herumhängen, denn die Art von Arbeiten, die sie leisten könnten, wurden weg-rationalisiert bzw. ihre Lehrstellen von Abiturienten besetzt. Sie bekommen keine Lehrstellen, weil sie **weder lesen noch schreiben noch denken können.** Wichtig ist auch, daß es bei uns schon lange zu wenige **Vorbilder** gibt, denen man **nacheifern möchte**. Vieler dieser Jungen haben resigniert, andere (deren Eltern schon vom Staat leben) meinen, die Welt schulde ihnen etwas. Sie haben in der Schule nichts gelernt über Pflichten, nichts über die Disziplin, die zur Meisterschaft führt (was FREUDE macht), über das Streben nach Höherem (im Gegenteil, wenn man die Streber in der Schule ausgegrenzt, hilft keine Lehrkraft). Wie kann eine Gesellschaft reüssieren, wenn **so viele junge Leute ohne Ziele sind**? Wohlgemerkt, es ist nicht ihre Schuld, es ist die Schuld jener, die vorgeben, sie fürs Leben fit zu machen! Viele der bedauernswerten jungen Leute kommen aus dem **bildungsfernen** Milieu (den Kindern der bildungsnahen Familien geht es gut). Können wir es uns leisten, so viele junge Leute jedes Jahr auszusondern („wegzuwerfen")? Wir haben ihnen in der Vergangenheit nichts geboten, und wir helfen ihnen auch heute nicht, das Versäumte nachzuholen. Angeblich ist dafür kein Geld da, nur kosten die Folgen später wesentlich mehr (von anhaltender Arbeitslosigkeit mit daraus resultierender Abhängigkeit vom Staat bis zu Schlimmerem: Depression, Aggression, Drogen, Kriminalität...). Aber da die Politiker vor allem eins wollen, nämlich die nächste Wahl gewinnen, kümmert es sie nicht, was langfristig geschieht. Wir rennen sehenden Auges auf den Abgrund zu. Diejenigen, die den Lauf stoppen wollen, müssen mehr werden, und zwar schnell! Wir können es uns nicht leisten, so weiterzumachen. Da die Politiker m.E. NICHTS UNTERNEHMEN, müssen wir die **Eltern mobilisieren**. Nur der Druck der Wähler kann etwas ändern. **Nur wenn Wahlen davon abhängen, daß junge Leute die Chancen bekommen, von denen seit Jahren geredet**

wird, kann sich etwas ändern. Solange schlechte Schul-Leistungen mit der Ausrede Migrantenkinder weggeredet werden können und solange wir alle dies zulassen, so lange wird nicht genügend geschehen! Wenn Sie oder die Ihren betroffen sind, dann unternehmen Sie etwas. Falls nicht: weitersagen!

Der folgende Abschnitt befasst sich mit zwei Dingen:

1. Welche **Vorteile** lebenslanges Lernen uns bietet. Abgesehen davon, daß **mehr Wissen uns intelligenter und kreativer macht**, wenn wir es einmal erworben haben (s. Modul „Intelligenz + Kreativität", Seite 65 ff.), möchte ich Ihnen zeigen, daß **der Prozeß des Lernens Lust auslöst**, wenn wir es **gehirngerecht** angehen.

> Stichwort: NEUROGENESE

2. Ich werde allen LeserInnen fünf verschiedene Start-Chancen bieten, damit sie **sofort beginnen können,** ohne weitere Werke lesen zu müssen (damit es keine Ausrede gibt). So können Sie...

- **neue Themen erobern** (lebenslanges Lernen!)
- **das Pauken vermeiden** (selbst bei langweiligem Stoff)
- **Ihre Info-Aufnahme optimieren**
  (eine Protokollier-Technik)
- **Sprachen lernen** (Vokabel-Pauken verboten, Grammatik erlaubt, aber unnötig)
- **lesen** (ein Programm **für Nicht-Leser**)

NEUROGENESE

Die meisten meiner **Denk-Modelle über das Lernen** wurden inzwischen von der modernen Gehirnforschung „eingeholt", somit gilt jetzt vieles als „beweisbar". Davor hatte ich von Hypothesen ausgehend so lange experimentiert, bis ich wußte, was „ging".

Beginnen wir mit einem kleinen Quiz, das ich in Seminaren seit über zwei Jahrzehnten einsetze. (Testen Sie es später auch mit anderen, und ergötzen Sie sich an deren Erstaunen, nachdem Sie

> Erstmals publiziert in „Das innere Archiv".

gleich selbst gestaunt haben.) Also: Wahr oder falsch? (Kreuzen Sie bitte **SPONTAN** alle Aussagen an, die Sie für **wahr** halten.)

1. Alles, was die **Chancen für unser Überleben** absichert oder optimiert, geht automatisch mit der Ausschüttung von **Freude-Hormonen** (Endorphinen)* einher. Sie bewirken, daß wir länger dabeibleiben und es gern wieder (weiter-)machen. Diese Verhaltensweisen gehen also mit einem Gefühl einher, das Biologen als LUST (Gegensatz Unlust) bezeichnen (s. Punkt 4).
2. Körpereigene **Freude-Hormone stärken** unser **Immunsystem**.
3. Je gesünder unser **Immunsystem** ist, desto besser sind unsere **Überlebens-Chancen**.
4. Alles, was das **Überleben gefährdet**, geht mit akuten **Unlust-Gefühlen** einher, damit der Organismus sofort davon abläßt und diese Erfahrung in Zukunft meidet.

> **Schlußfolgerung:** Wenn Milliarden von Menschen (weltweit) **bei Lernprozessen akute Unlustgefühle** erleben, muß Lernen wohl das Überleben gefährden!

Kommt Ihnen hier etwas spanisch vor? Das sollte es auch! Wir wissen seit vielen Jahrzehnten, daß die Natur die Möglichkeit des LERNENS erfunden hat, um die Möglichkeiten des Überlebens zu verbessern. So verfügt z. B. eine Biene über ein extrem schnelles Gedächtnis; sie kann eine neue Strecke lernen, den anderen im Stock davon berichten und den Ort mehrmals finden. Sie kann den Weg begreifen, den eine andere Biene beschreibt, und ihn mehrmals anfliegen. Aber die Biene lernt die Gegend, in der sie wohnt, nicht, das heißt, sie merkt nicht, wenn der Imker den Stock nachts wegholt und woanders aufstellt. Deshalb können Imker mit ihren Bie-

---

* Ich nenne diese Hormone seit 1975 **Freude-Hormone** und bleibe auch dabei, auch wenn es derzeit „in" ist, von **Glücks-Hormonen** zu sprechen. Ich halte den Begriff **Freude** für passender, da wir gerade bei geistig anregenden Prozessen oft **tiefe Freude** empfinden können, die man nicht mit kurzen, aber intensiven (und eher flüchtigen) Glücks-Gefühlen verwechseln sollte. Aber im Zweifelsfall meinen diese Autoren und ich weitgehend dasselbe.

nen regelrecht durch das ganze Land ziehen und die Dienstleistung ihrer Bienen wochenweise vermieten. Auch die Schnecke kann etwas lernen, allerdings verfügt dieses eher langsame Wesen über ein Langzeitgedächtnis (wir können also annehmen, daß sie die Gegend, in der sie wohnt, „kennt"): Probiert eine Schnecke von einem neuen Salatblatt und es wird ihr innerhalb einer Stunde schlecht, dann erkennt sie die Verbindung und wird diese Art von Blattgrün ab sofort meiden. Sie sehen, die Biene muß WEGE lernen, die Schnecke, welche Pflanzen in ihrer Gegend ihr schaden könnten – **beide Lernprozesse verbessern die Überlebens-Chancen**. Damit dürfte auch bewiesen sein, daß die Natur Lernen nicht als Prozeß erfunden hat, der notwendigerweise zu Unlust führt, wiewohl viele aufgrund ihrer Erfahrungen in der Schule diesen Eindruck gewonnen haben.

Aber auch andere Mißverständnisse über das Lernen geistern nach wie vor noch herum. So wollte man uns früher weismachen, daß unsere Nervenzellen **die einzigen Zellen des Körpers sind, die nicht nachwachsen können**. Das stellte Ramón Y CAJAL 1928 fest, und diese falsche Annahme wurde zur LEHRMEINUNG. Nun darf man aber nicht annehmen, Wissenschaftler seien bereiter als normale Menschen, ihre Annahmen zu hinterfragen, im Gegenteil. Deshalb stellte Max PLANCK (ca. 1900) fest, daß neue Ideen sich nicht etwa durchsetzten, weil die Alten flexibel dächten, sondern weil sie eine Chance haben, wenn die Alten aussterben und eine neue Generation nachfolgt (die dann natürlich ihre „neuen" Ideen genauso stur verteidigen wird). So war es auch hier: Es dauerte Jahrzehnte, bis man die alte Lehrmeinung in Frage stellen durfte, und derzeit häufen sich die Publikationen hierzu.*

Wir können uns dies so vorstellen: Es gibt zwei Orte im Gehirn, an denen **neue Neuronen nachwachsen**, und zwar **STÄNDIG, bis wir sterben**. Dieser Prozeß heißt NEUROGENESE (s. Rand).

GEN bedeutet schaffen (daher die Begriffe GEN und GENESIS für die Schöpfungsgeschichte), also heißt Neuro-Genese: Nervenzellen-Schöpfung.

---

* Derzeit werden viele Artikel dazu publiziert, es gibt jedoch vorerst nur ein Lehrbuch: Gerd KEMPERMANN „Adult Neurogenesis".

Der Begriff der NEUROGENESE ist jedoch nicht neu, man nannte das Wachstum von Gehirnzellen während der Entwicklung im Mutterleib schon lange so. Das Bahnbrechende ist die sogenannte ADULTE (erwachsene) NEUROGENESE. Das heißt, daß die NEUROGENESE tatsächlich unser ganzes Leben lang stattfindet, ja stattfinden muß. Nun bezeichnet man die neuen Zellen (wie im Kloster) als NOVIZEN. Und inzwischen weiß man, daß jene NOVIZEN das Lernen ermöglichen. Es wachsen NOVIZEN an zwei Stellen im Hirn, erstens im Frontalbereich (ihre Funktion ist noch nicht ganz klar) und zweitens im HIPPOCAMPUS. Ihre Funktion ist eindeutig: Neues integrieren zu können, also LERNEN zu ermöglichen. Das heißt:

- **Ohne NOVIZEN findet kein Lernen statt** (und zwar unser Leben lang).
- **NOVIZEN reagieren immens flexibel** und können so trotz der alten Neuronen (die nicht mehr flexibel sind) **neue Nervenbahnen anlegen**. Dies ist die neurologische Grundlage des Lernprozesses.
- **Bei chronischer Langeweile, Frust, Leiden oder Streß** hört die Produktion der NOVIZEN auf.
- **Fehlen NOVIZEN, so folgt Depression**, die bei jungen männlichen Wesen (zwischen der Pubertät und den frühen Zwanzigern) aufgrund des hohen Testosteron-Spiegels in **Aggression** umschlagen kann. Wir können also davon ausgehen, daß die **Aggression an unseren Schulen nicht** die Schuld der Migrations-Kinder ist, sondern die Schuld von zuviel NICHT-GEHIRNGERECHTEM VORGEHEN, welcher Unterricht die Produktion der NOVIZEN tötet. **Im Klartext:** Wenn Unterricht nicht gehirngerecht ist, wird die Lernfähigkeit abge-TÖTET. Wenn man also bedenkt, daß die meiste Nachhilfe in Deutsch und Fremdsprachen gegeben wird, beweist das, daß diese Fächer landesweit nicht gehirn-gerecht angeboten werden. Diese Fächer reichen bereits, wenn der Streßlevel zu hoch ist, um die NEUROGENESE zu stoppen. Dann ist man auch in anderen Fächern nicht mehr fähig zu lernen.

- **Und umgekehrt:** Wenn man in diesen Fächern neue Methoden (vgl. PERKINS 3 ‚Seite 79ff.) einführt, **dann wacht das Gehirn wieder auf**. Folge: Sowie die NEUROGENESE wieder startet und NOVIZEN auftauchen, beginnt die Lernfähigkeit erneut. Sie geht normalerweise mit **LUST-Gefühlen** und **FREUDE-Hormonen** einher. Diese regenerieren uns, stärken das Immunsystem, und es fühlt sich einfach gut an (high on learning – die beste Droge, die es gibt). Darum sprechen die Forscher ja von ENDORPHINEN: Ein Kunstwort, das sich aus ENDOGEN (von innen stammend) und MORPHINE zusammensetzt.

Seit ich die neue Botschaft verkünde, stimmen die ersten Erfahrungen immens hoffnungsfroh. Wir stehen zwar erst am Anfang, die bewußte Erneuerung des NEUROGENESE-Prozesses zum Ziel zu erklären, aber diese Zielstellung macht extrem viel MUT!

Deshalb möchte ich Ihnen **im zweiten Teil dieses Moduls** einige **TECHNIKEN** anbieten, mit denen Sie sofort selbst experimentieren und erste eigene Erfahrungen machen können. Überzeugen Sie sich, daß gehirn-gerechtes LERNEN mit FREUDE-Hormonen einhergeht. Wenn Sie jeden Tag ein wenig üben und mindestens 6 Wochen dabeibleiben, werden Sie bereits erste Auswirkungen SPÜREN. Ich ahnte das schon lange, deshalb sind einige meiner Techniken seit jeher so angelegt, daß sie (aus heutiger Sicht) die Neurogenese ankurbeln.

Manchmal frage ich mich, ob das vielleicht der Grund ist, warum einige derer, **die unser Schulsystem zu verantworten haben**, so wild um sich schlagen. Stellen Sie sich vor, SchülerInnen würden erleben, wie schön echtes gehirn-gerechtes (NOVIZEN-bildendes) Lernen sein kann! Dann wäre kein/e SchülerIn mehr bereit, sich einreden zu lassen, lernen müsse irgendwie öde, langweilig, frustrierend etc. sein. Wenn wir erwachsene Seminar-TeilnehmerInnen befragen, welche Tätigkeiten sie schätzen, dann erhält Lernen bei fast allen weniger als 25 Punkte (von 100 möglichen). Stellen Sie sich vor, es gelänge, diese FALSCHE ANNAHME zu „knacken". Was könnte in diesem Land alles passieren?

Die eigene NEUROGENESE ankurbeln: 5 Techniken

5 START-CHANCEN für alle!

Damit wirklich jeder ab heute beginnen kann, etwas zu ändern, folgen nun einige Angebote zum Thema LERNEN bzw. dazu, wie man den geistigen HORZIZONT er-WEIT-ern kann.

1. **Ein neues Thema erobern:** Dafür habe ich die ZITAT-TECHNIK entwickelt. Sie suchen 10 bis 20 Zitate zu dem Begriff heraus, der das neue Thema gut umfaßt (z. B. im Internet[*]; es gibt auch tolle Zitate-Sammlungen in Büchern oder als CD-ROMs). Wenn Sie diese kurzen Texte haben, dann können Sie verschiedene Dinge damit anfangen:

   a) Lesen Sie jeden Tag eines und denken Sie darüber nach. Legen Sie vielleicht eine ABC-Liste (s. Merkblatt 1, Seite 152ff.) an oder fragen Sie Freunde, was sie hierüber denken. Sie können das Zitat auch fünf Freunden schicken und sie bitten, Ihnen erste Assoziationen dazu aufzuschreiben, nach dem Motto: Was fällt Dir dazu ein? Später lesen Sie diese ange-REICH-erten Zitate und denken ein wenig darüber nach.

   b) Lesen Sie einige Tage hintereinander alle Zitate und VERSUCHEN Sie, KEINESFALLS DARÜBER NACHZUDENKEN (hehe). Falls Sie ABC-Listen anlegen wollen, keinesfalls zu diesem Thema (haha).

2. **PAUKEN VERMEIDEN:** Wenn Sie langweilige Fakten haben, die man theoretisch pauken sollte, überlegen Sie sich, wie man damit SPIELEN könnte.

   a) **LÜCKENTEXTE:** Zum Beispiel kann man von typischen Lehrbuchtexten (Geschichte, Biologie, Erdkunde etc.) eine Fotokopie anfertigen und einige Wörter übermalen[**]. Danach kann man sich herrlich amüsieren, indem man versucht, die fehlenden Wörter zu erraten.

---

[*] Geben Sie den gesuchten Begriff plus das Wort „Zitat" ein und Sie „landen" in einer von tausenden Zitatesammlungen, die Angebote zu Ihrem gesuchten Begriff enthalten.

[**] Alternativ kann man Wörter mit kleinen Streifen des klebenden Teils von Post-its über „kleben", da diese später wieder abgelöst werden können.

b) **VOR-LESUNG:** Lesen Sie den Text laut vor (zu mehreren besonders lustig), aber lesen Sie ihn einmal extrem laaaaaaang-saaaaaaaam, einmal, als sei es ein kitschiger Liebesroman, mal, als sei es ein spannender Krimi. Sie amüsieren sich königlich!

c) **LERN-VERBOT:** Tragen Sie die Daten vor, aber schärfen Sie den Hörern alle 2 bis 3 Minuten ein, daß sie sich absolut nichts merken dürfen. Testen Sie später, wieviel man sich NICHT gemerkt hat (s. Rand) ...

d) **CHORSPRECHEN:** Sprechen Sie im CHOR. Es ist immens förderlich für den Lernprozess und es macht Spaß.

Sie sehen, **es geht auch OHNE PAUKEN**, selbst wenn wir uns nicht wirklich intensiv mit dem Fach beschäftigen. **Das beste Antidot gegen Pauken ist natürlich echtes LERNEN, das heißt BEGREIFEN, worum es geht.** Was wir begriffen haben, brauchen wir überhaupt nicht zu pauken.

Vgl. auf meiner Website www.birkenbihl.de die „Klappe" mit der Aufschrift „NICHT ÖFFNEN".

3. **INFO-AUFNAHME:** Wollen Sie im Unterricht oder im Meeting mehr Infos „mitbekommen"? Dann gehen Sie gehirn-gerecht vor. Am besten legen Sie ein **AKTIV-ABC** an. Es unterscheidet sich vom normalen (bei dem wir **nach innen lauschen** und unser inneres Archiv „anzapfen", vgl. Merkblatt 1, Seite 152ff.), indem wir notieren, was wir **von außen wahrnehmen** (hören/lesen). Es lenkt nicht so ab wie der krampfhafte Versuch, (halbe) Sätze mitzuschreiben, und am Ende haben Sie ein einfaches **PROTOKOLL**. Sie werden sich wundern, an wieviel Sie sich später erinnern, WEIL Sie es angelegt haben. Und Sie werden sich auch dann noch erinnern, wenn Sie das ABC-Protokoll Jahre später wieder anschauen. In manchen Meetings meiner Kunden senden die TeilnehmerInnen ihre ABC-Listen hinterher per E-Mail an den Protokollführer, der sie nur noch zusammenführen muß. Dieses Gruppen-Protokoll-ABC wird dann ins Intranet gestellt, und fertig ist das Protokoll. Außerdem ist es spannend zu sehen, welche Begriffe die anderen notiert hatten. Am besten üben Sie erst beim Fernsehen (Einstieg: Nachrichten;

Bis hierher gilt: In meinen Büchern: „Intelligente Wissens-Spiele", „Mehr intelligente Kopf-Spiele" und „Trotzdem LERNEN" finden Sie diese und andere Techniken genauer erklärt. Das LESE-Programm (Punkt Nr. 5) wurde bisher noch nicht publiziert.

Stufe 2: Dokus; Stufe 3: Talk-Shows). Danach ist diese Methode sofort in die tägliche Praxis übertragbar.

4. **SPRACHEN LERNEN** (Motto: Vokabel-Pauken VERBOTEN): Siehe auch **DVD-Live-Mitschnitt** (Vortrag, Diskussion + Bonus-Material) oder **gleichnamiges Buch** („Sprachenlernen leicht gemacht"). Die Kurzfassung finden Sie als **kostenloses e-book** in unserer berühmten **TEXT-Schublade**; es ist eine Leseprobe aus „Stroh im Kopf?".

5. **LESE-Programm (für LESE-Unwillige):** Nur wer seine **Muskelmasse** trainiert, entwickelt sie. Es gilt: Use it or lose it! Auf das Lesen übertragen könnte man von einem **chronischen Nicht-Leser** also sagen, er verschenkt **geistige „Masse"**. Analog zum physischen Trainings-Programm könnte man hier ein Leseprogramm starten. Und wenn man (noch) ein wenig Angst davor hat, könnte man mit einem MINIMAL-Programm beginnen, indem man pro Tag nur 1 Minute (oder 1 Buchseite) liest. Stockt man langsam auf und schafft eines Tages 3 Seiten pro Tag, ergibt das bei einem Schnitt von 200 Seiten pro Buch (Sachbuch oder Roman) etliche Bücher, meinen Sie nicht? Wenn Sie dann auch noch Material wählen, das außerhalb Ihrer normalen Interessen liegt, kann dieses kleine Programm im Laufe einiger Jahre unglaubliche Auswirkungen haben. So nahm einer meiner Coaching-Klienten 1985 meine Anregung auf, sich mit sf (Science Fiction) zu befassen, als wir ein Gebiet suchten, für das er sich noch nie in seinem Leben interessiert hatte. Er begann mit 1 Seite pro Tag und mußte sich in den ersten Wochen regelrecht zwingen, aber 1 Seite pro Tag ist erträglich – auch bei Widerwillen. **Ein Jahr später las er im Schnitt 10 Seiten pro Tag, 1990** war er sf-**Fan**. Damals war sein Sohn ca. 7 Jahre alt und wurde vom Vater „infiziert". **1999** nahm dieser als Teenager an einem internationalen Jugendwettbewerb teil. Sein Vater hielt über die Telefon-HOTLINE (für LeserInnen meines Coaching-Briefes) Kontakt und berichtete mir davon. Dabei erwähnte er auch, daß sein Sohn **über Science Fiction zum Inter-**

Bei 3 Seiten täglich sind das in 10 Tagen 30 Seiten; in einem Monat 90 Seiten und im Jahr über 1000 Seiten – das ist doch was!

Vgl. Seite 11f.

esse an Wissenschaft gelangt sei. Solche Geschichten illustrieren typische Entwicklungen, die sich aus Mini-Trainings ergeben, wenn man am Ball bleibt. Es gibt nur ein Problem: Man muß irgendwann einmal anfangen...

Anhang

Hier befinden sich – wie auch in zahlreichen anderen meiner Bücher – sogenannte **MERKBLÄTTER**, die vertiefende **Zusatzinformationen** zum Text enthalten. Sie können sie **zur Kenntnis nehmen** oder **auslassen**, ganz wie Sie wollen.

Merkblatt 1: ABC-Listen

Beginnen Sie, indem Sie am LINKEN RAND eines Blattes (mindestens A4-Format) senkrecht ein ABC schreiben. Später können Sie dies jedesmal tun, wenn Sie eine neue ABC-Liste anlegen wollen, oder Sie legen ein Blatt mit ABC so unter das Papier, auf das Sie schreiben wollen, daß der linke Rand herausragt und Sie das ABC SEHEN können.

Regel Nummer 1: Kämpfen Sie sich keinesfalls (verbissen) von A nach Z durch.

Angenommen, Sie wollen herausfinden, wie viele und welche Tiere Ihnen in 3 Minuten einfallen. Dann wandern Sie mit den Augen locker in der (noch) leeren Liste auf und ab. Fällt Ihnen zu einem Buchstaben etwas ein, schreiben Sie es auf und wandern weiter. Bei L beispielsweise fällt Ihnen der Löwe ein und bei Z das Zebra, beim Zurückwandern taucht plötzlich bei O der Orang-Utan auf und bei G das Gnu... So wird gewährleistet, daß Sie das Ziel dieser Art von ABC-Listen (es gibt inzwischen 20 ABC-Techniken, dies ist die erste) erreichen: Es gilt, besseren ZUGRIFF auf das eigene Wissen zu erlangen. Und wenn Sie in Ihrer Kindheit öfter **Stadt-Land-Fluß** gespielt haben, dann wissen Sie: Wer oft spielte, dem fiel viel ein!

Vgl. mein Buch „Das innere Archiv".

Mit ABC-Listen schaffen wir eine Art **Stadt-Land-Fluß-Effekt**, und zwar für die Themen, die wir spielen. Dabei sollten Sie EINERSEITS Kernthemen, die Ihnen wichtig sind, IMMER WIEDER spielen (wie damals Städte, Länder und Flüsse) und ANDERERSEITS immer neue **Einzelthemen**. Sie sehen fern? Es wird über eine Opernaufführung berichtet? Es folgt ein Werbeblock? Zappen Sie jetzt nicht in anderen Kanälen herum, zappen Sie in Ihr Gedächtnis. Was wissen über das Thema „Oper"? Ein ABC? Aber ja doch. Sie sehen, jede ABC-Liste ist auch ein Mini-SOKRATES-CHECK (vgl. Seite 31f.), insbesondere dann, wenn Sie vorab versuchen zu erraten, wie viele Begriffe Sie zu DIESEM (heutigen, neuen) Thema in 3 Minuten schaffen werden. Auch werden Sie sich wundern, wieviel Sie sich (als NEBEN-EFFEKT) aus einer Sendung merken, wenn Sie die Werbeblöcke mit ABC-Listen zu Themen verbringen, die darin aufgetaucht sind. Aber das ist ein anderes Thema...

Mehr zu ABC-Listen finden Sie in den Büchern „Intelligente Wissens-Spiele" und „Mehr intelligente Kopf-Spiele" sowie im DVD-Live-Mitschnitt „Persönliches Wissens-Management".

Bitte denken Sie beim Anlegen einer ABC-Liste immer an Regel Nummer 1: Lockeres Wandern mit den Augen. Denn sonst würden Sie immer nur Ideen von A bis K (M, N) sammeln, insbesondere wenn Sie mit einem Zeit-Limit spielen – was für viele die Sache spannender macht. Über die weiteren Regeln informiert Sie (für unter 20 Euro) das DVD-Seminar „GENIALITÄTS-Training mit ABC-Listen"; sie würden den Rahmen des vorliegenden Buches sprengen. Aber keine Angst: Für den Einstieg reicht Regel Nummer 1, Sie können also sofort beginnen!

Was bedeutet KaWa (& KaGa) eigentlich?

Nun, als ich in den 1990ern meine Seminar-TeilnehmerInnen vom logisch-rationalen, linearen Denken zum „kreativeren" **analogen Denken** hinführen wollte, entwickelte ich drei Denk-Tools: ABC-Listen, WORT-Bilder und Wort-BILDER. Komischerweise verführt uns eine ABC-Liste **NICHT** zum linearen Denken, wenn wir mit den Augen „rauf und runterwandern" und spontan eintragen, was uns einfällt. Somit erlaubt sie **assoziatives Denken** vom Feinsten (während viele Leute annehmen, eine ABC-Liste müsse rational-logisch sein).

Die WORT-Bilder entstehen durch freie Assoziation zu den einzelnen Buchstaben des WORTES und die Wort-BILDER dadurch, daß wir eine Idee „hieroglyphisieren", wir zeichnen sie also. Da dieses Konzept den meisten Leuten im ersten Ansatz etwas schwierig vorkommt, möchte ich alle Interessierten bitten, sich an anderer Stelle damit

Vgl. zum LESEN (mit vielen Abbildungen) mein „Das große Analograffiti-Buch", zum SEHEN mein Video-Seminar „Wortlos denken?".

zu befassen (s. Rand). Hier will ich nur feststellen: Wer ein Problem zeichnet (und sei es noch so „abstrakt") hat es auch begriffen. Oder: Wer unfähig ist, das Problem zu „zeichnen", hat es nicht wirklich verstanden. Diese Zeichnungen müssen für einen Außenstehenden **nicht** verständlich sein, wir sprechen von einer anderen Form der Darstellung. Für alle, die hier völlig falsche Ängste haben, zeigt das Video-Seminar (vgl. Rand) auf, worum es dabei geht.

Nach langem Suchen nannte ich diese **drei machtvollen Denk-Tools** zusammengefaßt **ANALOGRAFFITI**©.*

---

* Ich danke Herrn LOHOFF (vom usa-Team), der bei der Namensfindung damals half: „Analografie" war der Vorläufer von ANALOGRAFFITI©, welches international verständlich ist.

Merkblatt 2: I.Q. und Berufs-Prognose?

Als das Medizin-Studium in Deutschland „rationiert" werden mußte, beschloss man, nur noch Einser-Abiturienten zuzulassen. Die Annahme, angehende Medizin-Studenten mit extrem gutem Noten-Durchschnitt würden später auch **die besten Ärzte** abgeben, mag im ersten Moment plausibel klingen. Aber wenn wir uns noch einmal die Selbst-CHECKs 2 (**Kommunikation**) und 5 (**GRID-CHECK**) ins Gedächtnis rufen, dann wird uns klar: Ein Schüler mit Bestnoten muß ein hohes Verlangen haben, (akademische) LEISTUNGEN zu bringen, ist also stark auf Ergebnisse, Leistung und **PRODUKTIVITÄT** ausgerichtet. Seine Kommunikation wird stärker über die INHALTs- und META-Ebene laufen als über die BEZIEHUNGs-Ebene. Er legt keinen sonderlich großen Wert auf andere Menschen, **weil sie ihm irgendwie weniger wichtig erscheinen als der nächste Einser**. Deshalb macht es ihm auch nichts aus, daß er weniger Zeit für Partys und Freunde hat. Also können wir annehmen, daß die meisten Einser-Schüler auf dem GRID näher an „PRODUKTION" als an „LEUTE" liegen. Menschen jedoch, die in erster Instanz HEILEN und HELFEN wollen, „leben" intensiver auf der BEZIEHUNGs-Ebene. Sie lieben den Kontakt zu Menschen und finden es nicht besonders prickelnd, wenn sie lange Listen isolierter Daten und Fakten pauken müssen. Wir sollten also vielleicht die eine oder andere Annahme über Intelligenz, mit der auch wir aufgewachsen sind, in Frage stellen.

Nun soll unsere Einsicht, daß Einser-Abiturienten später nicht unbedingt die besten Hausärzte abgeben, aber keine Kritik an den Menschen sein, die so ausgerichtet sind! Wir werten nicht. Wir brauchen diese Menschen in unserer Gesellschaft. Nur sollten wir bedenken, daß sie eher hervorragende Forscher werden, deren **KOMPETENZ** in der **Fähigkeit zu analytischem Denken** liegt. Sie bringen die nötige **Geduld** auf, mehrere Theorien (oft über Jahrzehnte hinweg) zu verfolgen. Sie verfügen über die **kreative Intelligenz**, raffinierte Experimente zu erfinden, mit deren Hilfe man herausfinden kann, welche theoretischen Ansätze sich bewähren werden, etc. Allerdings studieren die meisten Einser-Abiturienten Medizin, um später als Arzt zu praktizieren, und nicht, um in die Forschung zu gehen. Ist es also ein Wunder, daß viele Menschen regelrecht Angst vor Ärzten haben, die sie wie Stückgut von einem Test zum anderen schieben, die sich keine Zeit für sie nehmen und die, ehrlich gesagt, auch kaum Interesse an ihnen zu haben scheinen? Ist es ein Wunder, daß viele PatientInnen sich in der **Apparate-Medizin**, in der ärztliche „Leistungen" im Sekundentakt nach Checklisten (der Krankenkassen) abgehakt werden, akut unwohl fühlen? Ist es ein Wunder, daß **Ärzte mit hoher sozialer Kompetenz immer öfter das Handtuch werfen** (bzw. auswandern), weil das lebenswichtige Gespräch mit dem Patienten bei uns nicht mehr zur Behandlung gehören darf? Das sind die Auswirkungen, wenn zu viele Menschen, deren berechtigtes Anliegen PRODUKTIVITÄT ist, auf Bereiche losgelassen werden, in denen vorrangig Menschen arbeiten müßten, deren größtes Anliegen die **Menschlichkeit** ist. Was für die Gesellschaft im Großen gilt, gilt auch für jedes individuelle Leben. Deshalb ist es so wichtig, herauszufinden, wie wir „gelagert" sind.

Merkblatt 3: Jobs, die für immer verloren sind

Dieses Merkblatt bezieht sich auf die Tatsache, daß immer mehr Jobs verlorengehen. Und das betrifft mittlerweile nicht mehr nur körperliche Arbeiten (die von Robotern und Maschinen übernommen werden), sondern zunehmend auch Tätigkeiten, die von Leuten mit „weißem Kragen" (oder hübscher Bluse) erledigt werden und einiges an Wissen/Bildung erfordern. Kreuzen Sie die Branchen an, in denen jemand betroffen ist, den Sie kennen (bzw. Sie selbst):

TEXTERFASSUNG: Früher wurde viel Text erfasst (Rechtschrift), oft nach Diktat geschrieben. Heute scannen wir einfach die Vorlage. **Im Klartext:** In einer Firma, in der früher ein POOL von Schreibkräften einen eigenen Trakt im Gebäude besaß, sitzen heute noch 3 bis 5 Personen, die die wenigen Fehler korrigieren, die nach der Digitalisierung noch übrig bleiben.

SEKRETARIAT: Assistentinnen und Chefsekretärinnen begrüßten Gäste (das tun man heute selbst), überwachten Termine (das macht heute der PDA), stellten Telefonverbindungen her (dafür genügt heute ein Knopfdruck), wählten bei besetzter Leitung so lange, bis eine Verbindung möglich war (das machen moderne Telefone heute autonom), und nahmen Nachrichten auf, wenn der Chef abwesend war (dafür gibt es heute Anrufbeantworter und Voice-Box).

BANK: Immer mehr **Schalterbeamte**, die **Buchungen** vornehmen oder **Belege** an Kunden verschicken, werden dank Internet-Banking, Geldautomaten und Kontoauszugsdruckern „freigestellt".

BLUT-ANALYSE (Laboranten, Chemikanten): Denken Sie an die Blutproben, die Ihr Hausarzt an das Labor schickt, von dem in einigen Tagen die angefragten Werte kommen... In Zukunft nimmt Ihnen der Arzt nur noch **einen Tropfen** Blut ab und steckt ihn in eines der Geräte, die Sie in den CSI-Krimis schon gesehen haben; kurz darauf meldet sein angeschlossener Portable (natürlich kabellos) alle Werte, die er benötigt. Das bedeutet, daß viele Leute, die heute noch in Labors arbeiten, ihren Job verlieren werden. Im übrigen werden solche Analyse- und Meß-Geräte immer kleiner, und es wird sicher keine 210 Jahre dauern, bis wir einen „Handscanner" haben, wie wir ihn aus der Science-Fiction-Serie StarTrek kennen (Trikorder).

DIAGNOSE 1: Es gilt, **Gewebeschnitte** zu begutachten, um feststellen, ob im OP (bei einer Biopsie) gleich weiteroperiert werden soll (z. B. weil ein Geschwür bösartig ist). **Früher** mußte man zweimal operieren, weil es ca. eine Woche dauerte, bis das Ergebnis vorlag. **Gestern** dauerte es ca. 20 Minuten, bis jemand das Gewebestückchen in einen anderen Teil des Krankenhauses trug. Dort wurde es schockgefroren und in hauchdünne Scheiben geschnitten, die man dann analysieren konnte. Dazu gehörte ein guter Blick (sprich: jahrelanges TRAINING). **Morgen** wird der (digitalisierte) Gewebeschnitt per Internet nach Indien geschickt, wo extrem kompetente Leute sitzen, die solche Diagnosen innerhalb kürzester Zeit erstellen – Tag und Nacht. Sie sind in der Regel besser als unsere Analytiker, erstens, weil sie **nur das** tun und den Diagnose-Blick entsprechend trainiert haben, und zweitens, weil sie in Teams arbeiten und sich gegenseitig jederzeit konsultieren können!

DIAGNOSE 2: Ähnlich ist es mit der Analyse von Röntgenbildern bzw. Ergebnissen von Ultraschall-Untersuchungen.

Sie sehen, in den 1980er Jahren war es „5 vor 12", inzwischen ist es „2 nach 12"! Was uns auffallen sollte, ist, wie stark INDIEN sich auf Gebieten spezialisiert, für die eine hervorragende Ausbildung nötig ist. Sie erinnern sich sicher noch an die Debatte, ob wir sie hereinlassen sollten? Hätten wir das damals getan, hätten wir Hunderte von indischen Familien mit hohem Bildungsniveau nach Deutschland gebracht, deren Dienstleistungen uns hier geholfen hätten. Aber mit dummen Sprüchen wie „KINDER STATT INDER" hat man jede intelligente Diskussion abgewürgt. Und die meisten Leute haben nicht einmal gemerkt, wie DUMM das war. Denn abgesehen davon, daß wir nicht eine Generation warten können, sind die Chancen der vielen Kinder aus bildungs-ferneren Familien, gegen bildungswillige Inder und Asiaten anzukommen, dank unserer Regelschulen extrem gering.

Merkblatt 4: Männer und Frauen

Abertausende Jahre lang wußten die Menschen, daß Männer und Frauen „anders" sind. Dann führte eine **Fehlinterpreation** der Anthropologin Margret MEAD (Ende der 1920er Jahre) zu einer riesigen Überraschung: Sie kam von ihrer ersten großen Reise (nach Samoa) mit folgender Neuigkeit zurück: Ob wir uns männlich oder weiblich verhalten, ist umweltbedingt und wird über die **Erziehung** vermittelt. So denken noch heute viele Menschen, weil dieser Fehler gigantische Auswirkungen hatte.

In Wirklichkeit hatten ihr die Bewohner in Samoa etwas vorgespielt, und sie war darauf hereingefallen. Die Samoaner liebten es, sich gegenseitig hereinzulegen, und hatten angenommen, daß sie ähnlich gelagert sei (man schließt immer von sich auf andere). Aber sie nahm alles, was man ihr erzählte, für bare Münze, und nach einigen Tagen sahen die Einwohner in Samoa keine Möglichkeit mehr, mit der Wahrheit herauszurücken. Was sie als Witz transportierten, waren junge Männer, die sie der Anthropologin als angeblich totale Schmusetypen vorstellten (und das in einer Gegend, in der Männer besonders kriegerisch waren). Sie erzählten ihr, daß hier die Männer sanft und liebevoll waren, nicht die Frauen. Und MEAD glaubte ihnen.

Die Samoaner müssen sich über diese Scharade totgelacht haben, aber man hatte MEAD allein und ohne erfahrenen Kollegen nach Samoa geschickt (was an sich nie geschehen darf), und so passierte es. Eigentlich wäre es ja vielleicht ganz lustig gewesen, wenn die Folgen nicht so dramatisch gewesen wären (und noch immer sind). Daß MEAD später massiv angegriffen wurde und nach Prüfung aller Fakten ihre These öffentlich widerrief, ist in dem großen Geschrei untergegangen. Hinzu kommt, daß die Debatte, die ihr Fehler in Gang gebracht hatte, ÖFFENTLICH ausgetragen wurde, während ihr Dementi in der Fachpresse stand – und wer liest die schon?

Der zweite Spieler in diesem Spiel war WATSON, ein Behaviorist. Das sind jene Leute, die eine Taube dressieren, indem sie kleinste Bewegungen in die gewünschte Richtung belohnen, bis die Taube sich z. B. auf Kommando um die eigene Achse dreht o. ä. Interessanterweise sind derart dressierte Tauben extrem hilfreich, weil sie auf dem Meerwasser, dessen Wellen im Sonnenlicht stark glänzen, ein kleines Rettungsboot besser sehen können als wir Menschen. Deshalb fliegen solche Vögel in Rettungshubschraubern mit. Trotzdem gingen die Behavioristen mit ihrer Begeisterung über diese Lernfähigkeiten zu weit, weil sie nämlich glaubten, das Grundmodell allen Verhaltens (inklusive des Menschen) entdeckt zu haben: Jedes Verhalten wird wie diese Kleinstbewegungen der Taube systematisch durch die Umwelt (Erziehung) antrainiert, und das gilt für JEDES VERHALTEN, inklusive Sprache (was inzwischen längst entkräftet ist, vgl. PINKER „Der Sprachinstinkt" – ein hervorragender Bericht über die gesamte Sprachforschung).

Jetzt verbanden sich die beiden Theorien. Margret MEAD kam aus Samoa zurück und behauptete, sogar „männliches" und „weibliches" Verhalten sei eine Folge der Erziehung – das war Wasser auf die Mühlen der Behavioristen. Hinzu kam eine weitere verhängnisvolle Entwicklung der damaligen Zeit: **Die Psychologie war ein wenig neidisch auf die gigantischen Erfolge der Physik.** Die „harte" Naturwissenschaft hatte seit 1900 mit dem PLANCKschen Quant einen Durchbruch nach dem anderen erlebt. Um nur einige wenige zu nennen: Die erste (spezifische) Relativitätstheorie EINSTEINs (1905), das neue ATOMMODELL von Niels BOHR (1913) – eine Weiterentwicklung des RUTHERFORDschen Modells unter Einbeziehung der Arbeiten von PLANCK und EINSTEINs erster Relativitätstheorie, die zweite (allgemeine) Relativitätstheorie EINSTEINs (1915), HEISENBERGs UNSCHÄRFE-RELATION (1927)... Diese kleine Gruppe großer Forscher bot der Welt eine großartige Entdeckung nach der anderen (denen später einige Nobelpreise folgen sollten). Davon angespornt beschlossen die damaligen „Hohepriester" der Psychologie, ihre PHILOSPHIE zu verraten und sie in eine exakte Wissenschaft zu verwandeln. Also verboten sie INNERE PROZESSE, das heißt, plötzlich war es nicht mehr möglich zu fragen, was jemand wahrnimmt, denkt oder fühlt. Ab jetzt sollten nur harte Fakten gelten. Was ein Gerät messen konnte, galt als „wahrgenommen", Gedanken und Gefühle waren „weich" und wurden verbannt; man operierte die Seele (Griechisch „psyche") heraus und meinte, mit der „ologie" (Griechisch: „Wissenschaft von...") operieren zu können. Leider hatte man nur noch eine leere Hülle, und diese griff Margret MEADs fehlerhafte Interpretation auf, vermischte sie mit einigen Haus-Theorien und baute die neue, HARTE WISSENSCHAFT des Behaviorismus auf. Sogar den Begriff „Psychologie" ließ man einige Jahre lang fallen. In diesem Klima erfand man nun die „Tatsache", daß alle Aspekte von „männlichem" oder „weiblichem" Verhalten reine STIMULUS-REAKTIONS-KETTEN waren.

Dieser krampfhafte Versuch, wissenschaftlich zu sein, bewirkte, daß gewisse Leute, die schnell und häufig publizierten, in kürzester Zeit einen Ruf als Kapazität erwarben und danach den größten Unsinn erzählen konnten. In einem völlig neuen Wissensfeld wie der Quanten-Physik, die ohnehin niemand wirklich versteht, nicht einmal Quantenphysiker (vgl. meine DVD „Von null Ahnung zu etwas Quanten-Physik"), kann ich das nachvollziehen. Aber überlegen Sie einmal: Jeder ist Mensch und jeder beobachtet, wie unterschiedlich Männer und Frauen reagieren. Die Leute amüsierten sich königlich über Komödien, die gerade von diesem Unterschied leben, und gleichzeitig produzierten „Wissenschaftler" Theorien, die sämtlichen Erfahrungen zuwiderlaufen, aber keiner wagte, laut zu zweifeln. Wenn jemand durch die Kollegen zum Experten erkoren wurde, ist er ein Kaiser, und wer wird es wagen, festzustellen, daß der Kaiser ohne Kleider durch die (wissenschaftliche) Welt läuft?

Der Kaiser war ein gewisser **Dr. MONEY**. Dieser behauptete allen Ernstes, das Geschlecht von Kindern sei bis einige Jahre nach der Geburt noch nicht festgelegt (s. Rand) und könne durch Erziehung sogar ins Gegenteil verkehrt werden.

Wie kommt jemand zu einem solchen Unsinn? Nun, er hatte eine Person „therapiert", die das Geschlecht gewechselt hatte (damals extrem selten), und fühlte sich jetzt als Fachmann für sämtliche Geschlechts-Fragen. Da dieser Mensch als Erwachsener die Fronten wechselte, mußte das Geschlecht doch weit flexibler sein...? Schon

Dies gilt für Ratten: Das Geschlecht entwickelt sich in der ersten Woche **nach** der Geburt, kann also noch relativ leicht beeinflußt werden. Nicht so beim Menschen.

war die Theorie fertig. Jetzt brauchte er mehrere ähnliche Fälle, um eine wissenschaftliche Studie zu beginnen. Optimal wäre natürlich ein eineiiges Zwillingspärchen vom selben Geschlecht. Und wenn man eines der Kinder zum anderen Geschlecht hin-ERZIEHEN könnte, dann wäre MONEYs Theorie bewiesen.

Nun wollte das Schicksal es, daß ein männliches eineiiges Zwillingspaar geboren wurde und daß ein Arzt nach der Geburt einem der beiden kleinen Jungen (bei der Beschneidung) aus Versehen den Penis abschnitt. Da wurde MONEY zu Hilfe geholt, und als „Fachmann" für diese Thematik riet er den völlig verwirrten und verzweifelten Eltern: Ziehen Sie dieses Kind zum Mädchen heran und verraten sie ihm nie, daß es einst ein Junge war. Die Eltern wußten nicht, was sie machen sollten, aber da alle Fachleute derselben Meinung waren (Ärzte waren damals noch Götter in Weiß), willigten sie ein, wiewohl die Mutter Jahre später zugab, daß sie sich mit der Entscheidung nie wohlgefühlt hatte.

S. Marginalie
Seite 163.

MONEY betreute die Kinder jahrelang und behauptete in der Fachpresse, das Experiment sei **gelungen**, wiewohl er genau wusste, dass es gescheitert war.* Dafür wurde er innerhalb der Fachwelt zwar scharf angegriffen, u. a. vom Hochschulprofessor Milton DIAMOND**, aber das änderte nichts daran, daß er in der Laienpresse und vor allem von den Feministinnen als der große Held gefeiert

---

* Wiewohl David REIMER als Mädchen erzogen wurde und bis zum Alter von 13 Jahren nie die Wahrheit über seine Vergangenheit erfuhr, verhielt er sich während seiner Kindheit stets so, wie man es von einem Jungen vergleichbaren Alters erwarten würde. Auch alle späteren Versuche, ihn als Mädchen zu sozialisieren, schlugen fehl. Zu dem Zeitpunkt, als MONEY mit der Geschichte in TV-Shows und diversen Publikationen für seine Ideen warb, hatte das Opfer nach Selbstmord-Drohungen seine Rückkehr zur männlichen Identität erzwungen.

** Milton DIAMOND ist Professor für Anatomie und Reproduktionsbiologie an der University of Hawaii... Er hat in Zusammenarbeit mit dem Psychologen Dr. H. Keith SIGMUNDSON den erwachsenen David REIMER ausfindig gemacht und herausgefunden, dass die Behauptungen von MONEY falsch waren. Der „John/Joan"-Fall – Diamond hat ihn so benannt, um die Privatsphäre von REIMER zu schützen – ist einer der meistzitierten in der psychologischen und psychiatrischen Fachliteratur sowie in der Literatur zur Frauenforschung und Entwicklungspsychologie.

wurde – selbst nachdem feststand, daß das Leben der Familie, insbesondere der beiden Zwillingsbrüder, völlig ruiniert war. Der eine konnte nicht verwinden, daß er über Nacht nicht mehr der EINZIGE männliche Nachkomme war (er hatte seine besondere Position eingebüßt), der andere kam letztlich mit den vielen Problemen, die sein „verpfuschtes Leben" ihm gebracht hatte, nicht mehr klar (vor allem nach dem Selbstmord seines Zwillingsbruders). Immer noch ging MONEY in Talk-Shows und ließ sich als Großmeister der Sexualforschung feiern. Diese jahrelange Popularität bestärkte die Leute in ihrem Glauben an die Erziehbarkeit des Menschen zu seinem „sozialen Geschlecht". Das Schlimme ist, daß dieser Irrglaube auch zu Konzepten wie dem GENDER-MAINSTREAMING führte, die diese Position gesetzlich festschreiben, und das, wiewohl inzwischen allgemein bekannt ist, was vorgefallen war.

Traurige Tatsache: MONEY hatte nicht nur den REIMER-Zwillingen und ihrer Familie geschadet, sondern auch vielen Menschen, die das Unglück hatten, als Kinder mit UNKLAREM GESCHLECHT geboren zu werden. Deren Zahl ist nämlich weit größer, als allgemein angenommen wird. Das führt dazu, daß **Eltern, denen dies widerfährt, ziemlich allein gelassen werden. Betroffenen Eltern empfahl MONEY viele Jahre lang, das Kind ruhig dem einen oder anderen Geschlecht zuzuordnen**, weil man Kinder ja angeblich zu Jungen oder Mädchen ERZIEHEN könne – und so würde alles gut. Heute haben seine Opfer sich zu Betroffenen-Gruppen zusammengefunden und tauschen sich darüber aus, wie man ihr Leben beschädigt hat.

Leider waren die Emanzen nicht bereit, ihren „Sieg" zu opfern. Wen kümmert es, daß er auf einem einzigen mißglückten Experiment aufgebaut war? Also behaupten sie immer noch mit Inbrunst, „männlich" oder „weiblich" sei nur Erziehungssache. Weder wollen sie akzeptieren, daß es unglaublich viele physiologische Unterschiede gibt (Größe, Muskelmasse, Menge roter Blutkörperchen, Lungengröße und -kapazität, Fettverteilung, Haarwuchs etc.), noch daß sich **die Hirn-Ar-**

COLAPINTOs berühmt gewordene Reportage im „Rolling Stones Magazine" (das immer wieder bahnbrechende Artikel bringt) folgte ein Buch. Es wurde die Grundlage für einen BBC-Bericht, und dann war es allgemein bekannt; vgl. meinen DVD-Mitschnitt „Männer/Frauen – wie es dazu kam, daß die Wissenschaft uns einreden wollte, sie seien gleich".

chitektur im **Mutterleib** in der Regel (bei $2/3$ aller Menschen) relativ eindeutig männlich oder weiblich entwickelt.

Quelle*

FAZ: Die Naturwissenschaften, etwa die **Hirnforschung**, haben diese Annahme längst widerlegt. Auch am John-Hopkins-Krankenhaus hatte sich der Wind bereits 1975 gedreht. Damals bekam die psychiatrische Abteilung mit Professor Paul McHugh einen neuen Leiter, MONEY einen neuen **Vorgesetzten**. McHugh ließ die bisherige Behandlung Inter- und Transsexueller **überprüfen**. **Die beteiligten Wissenschaftler gelangten zu völlig anderen Schlüssen als MONEY.**

Trotzdem wurde eine weitere Generation in diesem Geist erzogen, und deshalb fällt es selbst heute, mehr als eine Generation später, noch immer vielen schwer, aus diesen anerzogenen „Wahrheiten" auszusteigen. Ich weiß, wie schwer es mir fiel, denn ich hatte ja in den USA studiert und war dort auch ziemlich behavioristisch „indoktriniert" worden. Ich brauchte ca. 15 Jahre, um zu begreifen, wie gefährlich diese falsche Position ist, insbesondere wenn sie als die einzig mögliche dargeboten wird.

Vgl. meinen DVD-Mitschnitt „VIREN DES GEISTES"; hier zeige ich auf, wie wir VIREN von hilfreichen Ideen (= geistigen TOOLS) unterscheiden lernen können...

Das Fazit des FAZ-Autors:

Money ordnete die mit Beginn des neuen Jahrtausends nach dem Bekanntwerden von David REIMERS wirklichem Schicksal aufbrandende Kritik an seiner Arbeit und die veränderte Haltung der Presse als „Bestandteil der antifeministischen Bewegung"... **Wer behaupte, Männlichkeit und Weiblichkeit seien genetisch verankert, wolle die Frauen „zu ihrer angestammten Rolle im Bett und in der Küche" zwingen.** Bis heute wird mit diesem bizarren Argument jeder Einwand gegen die Gender-Theorie zurückgewiesen.

Es gibt noch viele weitere Gründe für **Verwirrungen**, auf die wir hier nicht im Detail eingehen können. Interessenten seien hierzu alle Titel im Literaturverzeichnis empfohlen, die ein Sternchen tragen.

---

* ZASTROW, Volker: „Der kleine Unterschied" (FAZ vom 07.09.2006, Nr. 208/Seite 8).

Merkblatt 5: Martin SELIGMAN

Martin SELIGMAN gehört zu jenen amerikanischen Psychologen, die bahnbrechende Arbeit über (erlernte) HILFLOSIGKEIT geleistet haben. So wies er z. B. nach, daß zu viele entmutigende Erlebnisse dazu führen, die Tätigkeit (die entmutigt worden war) **nie wieder** zu versuchen, auch wenn später keinerlei negative Erlebnisse mehr zu befürchten wären. Ich kann seine Bücher (s. Literaturverzeichnis) nur empfehlen – auch die vergriffenen (via Internet zu finden). Eines seiner wichtigsten Konzepte ist das der KONTINGENZ, das ich Ihnen hier nahebringen möchte.

Beginnen wir mit dem Wortanfang **„kon"** (= mit) und sehen uns **„tingere"** an. Woran erinnert uns dieser Begriff? Denken Sie an einen Tango, den wir zusammen mit der Umwelt tanzen. Das ist ein Gedankenmodell der SELIGMANschen **KON-TINGENZ**. Erdrückt uns die Umwelt (dazu gehören Mitmenschen wie Eltern, Lehrer, Chefs, Kunden, Bankiers, Ärzte etc.), dann haben wir keine (zu wenig) Kontingenz und wir fühlen uns schwach und hilflos. Das beeinflußt natürlich unser Selbstwertgefühl. Haben wir hingegen viel Kontrolle, dann ist unser Selbstwertgefühl hoch. Es gibt inzwischen hunderte von (Langzeit-)Experimenten, die zeigen, welche Auswirkungen es hat, wenn wir unseren Mitmenschen **nicht genügend KONTINGENZ** erlauben. Die Gesetzmäßigkeit gilt für alle Organismen. Beginnen wir also mit einer Ratte. SELIGMAN beschreibt ein Experiment eines Kollegen. Normalerweise gilt: Werfen wir eine **Ratte in einen Swimmingpool**, dann schwimmt sie sehr lange, ehe sie schließlich ertrinkt. Wenn wir ihr aber zuerst die Kontingenz rauben, indem wir ihr jegliche Bewegungs-Freiheit nehmen, dann schwimmt sie nur noch 60 Minuten (statt ca. 30 Stunden).

Auch wir nehmen unseren Mitmenschen (Kindern, SchülerInnen, MitarbeiterInnen, KundInnen, PatientInnen, MieterInnen etc.) ständig Kontingenz. Stellen Sie sich z. B. ein Kind vor, das die ganze letzte Woche im Kindergarten gelernt hat, Knöpfe auf- und zuzumachen. Heute kommt die Mutter und sagt: „Wir gehen einkaufen, ich ziehe dir den Mantel an..." Das Kind: „Aber die Knöpfe kann ich schon selbst zumachen." Darauf die Mutter: „Natürlich kannst du das, mein Kind" und schon sind die Knöpfe zu. Merke:

 Bei einem Konflikt zwischen Verhalten und Lippenbekenntnissen glauben wir immer dem Verhalten, nicht den Worten!

Also steht das **Kind als Opfer** da und ihm wird der Mantel zugeknöpft, wiewohl es gerade diese Tätigkeit eine ganze Woche geübt hat. Die Mutter hat es eilig, sie will helfen. Aber ist ihr Verhalten hilfreich? Wohl kaum. Deshalb lautet das Motto der MONTESSORI-Schulen: „Hilf mir, es selbst zu tun!" Im Klartext: Gib mir möglichst viel KONTINGENZ. Zwei klassische Studien zeigen **typische Auswirkungen**:

1. **Kinder machen Kollagen.** Diese werden wesentlich kreativer, wenn die Kinder das Material selbst wählen dürfen. Was aber machen viele LehrerInnen? Sie legen jedem Kind identische Materialien hin, schließlich müssen sie ja fair sein. KONTINGENZ = null. Jetzt gehen wir anders vor: Wir legen die Materialien zentral auf einen Tisch, wo jede/r sich holen kann, was er/sie will. Dann sind die Arbeiten hinterher auch unterschiedlicher. Und es hat mehr Spaß gemacht. Wem schadet es, wenn die Betroffenen das Material selbst auswählen dürfen? Der einzige Unterschied ist, daß das Material sich etwas anders verteilt. Das ist Kontingenz im Alltag!

2. **Zweitklässler erhielten Kontrolle über die Unterrichtszeit** und wurden über Nacht zu weit besseren, effizienteren Lernern. Nehmen wir an, Sie hätten die Wahl zwischen Mathematik um acht und Mathematik um elf Uhr. Ich war immer schon ein totaler Nachtmensch (schon als Säugling), also würde ich natürlich Mathematik um elf nehmen. Ich fange erst gegen zwölf/dreizehn Uhr an, aufzuwachen. Die Zeit davor ist für mich „mitten in der Nacht". Dementsprechend kann ich in einer Matheklasse um elf ganz anders arbeiten. Bei Mathe um acht (wie zu meiner Schulzeit) war Versagen für mich die einzige Möglichkeit.

Andere Studien zeigten ähnlich dramatische Verbesserungen, wenn Lehrer zum Beispiel sagten: „Von diesen 10 Mathe-Aufgaben rechnet ihr als Hausaufgabe 7." Klingt wie eine Kleinigkeit, erlaubt aber jedem Schüler ein Minimum an Mitsprache-Recht, ohne die Entscheidungsgewalt des Lehrers einzuschränken. Zu wissen, daß ich von einer Aufgabe zur nächsten übergehen kann, wenn ich nicht weiterkomme, nimmt den Druck, den Streß, und das er-LEICHT-ert die Aufgabenstellung so massiv, daß die Verbesserungen sich häufig in einer ganzen Note bemerkbar machten!

Ellen J. LANGER, eine Harvard-Forscherin, die ich unerhört bewundere, hat phänomenale Experimente durchgeführt.

Stellen Sie sich ein großes **Altersheim in Amerika** vor, das wir gedanklich in der Mitte teilen. Die eine Hälfte beherbergt die Versuchspersonen, die andere die Kontrollgruppe (da passiert nichts). Ab jetzt dürfen die Versuchspersonen zwei Entscheidungen treffen, die sie bisher nicht treffen durften: 1. Ob sie **Zimmerpflanzen** haben wollen (und wenn, welche). 2. Ob sie den **Nachtisch** (oder Kaffee) im Speisesaal oder auf der Terrasse zu sich nehmen wollen (was bisher auch verboten war). Fünf Jahre später, als die Studie abgeschlossen wurde, **lebten doppelt so viele Versuchspersonen** (im Vergleich zur Kontrollgruppe) noch. Wir reden von einem Altersheim, in dem viele Beteiligte zu Anfang der Studie bereits über 80 Jahre alt waren. Die Versuchspersonen waren 5 Jahre später wesentlich gesünder, fröhlicher und auch geistig „präsenter" als die Kontrollgruppe, in der wesentlich mehr gestorben waren bzw. viele krank und geistig auch nicht mehr ganz „da" waren. Mit zwei kleinen **Entscheidungs-FREIHEITEN** (Zimmerpflanzen und Kaffee auf der Terrasse) gab LANGER ihnen wieder eine gewisse **Kontingenz**. Nur ein wenig (mehr) Kontingenz – und der Mensch blüht auf, selbst wenn er schon 80 +++ ist. Was, meinen Sie, passiert mit Kindern oder Mitarbeitern?

Deswegen sind die Zweitklässler, die Kontrolle über den Beginn der Mathematik-Stunde haben, viel effizientere Lerner. Weil Ihr Selbstwertgefühl besser ist. Sie erleben also weniger Streß und können ihren Geist besser nutzen.

Einige beschreibt Tom PETERS in seinen früheren Bücher, die immer voller phänomenaler Fallbeispiele sind (s. Literaturverzeichnis). Weitere beschreibe ich in „Das innere Archiv" (in dem Modul über neue Forschungsergebnisse für Lehrer).

Literaturverzeichnis

1.* **ANGIER, Natalie:** *Frau. Eine intime Geographie des weiblichen Körpers.* Goldmann, München 2002
2. **ASIMOV, Isaac:** *Ich, der Robot.* Heyne, München 1978
3. **ASIMOV, Isaac:** *Foundation.* (Drei Romane). Heyne, München 2000
4. **ASIMOV, Isaac:** *Lucky Starr.* (Sechs Weltraumabenteuer in einem Band). Bastei Lübbe, Bergisch Gladbach 1998
5. **ASPERGER, Hans:** *Die autistischen Psychopathen im Kindesalter.* Archiv für Psychiatrie und Nervenkrankheiten 117, erschienen 1944
6.* **BADINTER, Elisabeth:** *Die Identität des Mannes.* Piper, München 1997
7.* **BAKER, Robin:** *Krieg der Spermien. Weshalb wir lieben und leiden, uns verbinden, trennen und betrügen.* Bastei Lübbe, Bergisch Gladbach 1999
8. **BARON-COHEN, Simon:** *Vom ersten Tag an anders. Das weibliche und das männliche Gehirn.* Goldmann, München 2006
9.* **BIDDULPH, Steve:** *Jungen! Wie sie glücklich heranwachsen.* Heyne, München 2002
10.* **BIDDULP, Steve:** *Männer auf der Suche. Sieben Schritte zur Befreiung.* Heyne, München 2003
11.* **BLAFFER HRDY, Sarah:** *Mutter Natur. Die weibliche Seite der Evolution.* Berlin Taschenbuch Verlag, Berlin 2000
12.* **BLUM, Deborah:** *Sex on the Brain. The Biological Differences Between Men and Women.* Viking by Penguin, New York 1998
13. **BRIZENDINE, Louann:** *Das weibliche Gehirn. Warum Frauen anders sind als Männer.* Hoffmann und Campe, Hamburg 2007
14.* **BUSS, David:** *Die Evolution des Begehrens. Geheimnisse der Partnerwahl.* Goldmann, München 1994
15. **BUZAN, Tony/BUZAN, Barry:** *Das Mind-Map-Buch.* mvg, Heidelberg, 5. Auflage 2005
16. **CASTANEDA, Carlos:** *Reise nach Ixtlan. Die Lehre des Don Juan.* Fischer Taschenbuch, Frankfurt/Main 1998
17. **COLAPINTO, John:** *Der Junge, der als Mädchen aufwuchs.* Goldmann, München 2002
18.* **DeANGELIS, Barbara:** *Männer. Die geheimen Wünsche des anderen Geschlechts.* Heyne, München 1995
19. **DOMAN, Glen/DOMAN, Janet:** *How to teach your Baby to read.* Square One Publishing, London 2006
20. **EGLI, René:** *Das LOL²A-Prinzip. Die Vollkommenheit der Welt.* Editions d'Olt, Oetwil a.d.L., 29. Auflage 1999

---

* Weiterführende, besonders lesenswerte Bücher zum Thema Männer/Frauen.

21.* **EVATT, Cris:** *Männer sind vom Mars, Frauen von der Venus.* mvg, Heidelberg 2002
22.* **FARRELL, Warren:** *Warum Männer so sind, wie sie sind.* Goldmann, München 1991
23.* **FISHER, Helen:** *Das starke Geschlecht. Wie das weibliche Denken die Zukunft verändern wird.* Heyne, München 2002
24.* **GILLIGAN, Carol:** *Die andere Stimme. Lebenskonflikte und Moral der Frau.* Piper, München 1993
25.* **GILMORE, David D.:** *Mythos Mann. Rollen, Rituale, Leitbilder.* dtv, München 1993
26.* **GRAY, John:** *Männer sind anders, Frauen auch.* Goldmann, München 1998
27.* **HARRIS, Judith Rich:** *Ist Erziehung sinnlos? Die Ohnmacht der Eltern.* Rowohlt, Reinbek 2002
28.* **HARS, Wolfgang:** *Männer wollen nur das Eine und Frauen reden sowieso zu viel.* Fischer Taschenbuch, Frankfurt/Main 2005
29. **HEINLEIN, Robert H.:** *The Notebooks of Lazarus Lang.* Baen Books, Riverdale 2004
30.* **HOLLSTEIN, Walter:** *Nicht Herrscher, aber kräftig. Die Zukunft der Männer.* Rowohlt, Reinbek 1991
31.* **JOKISCH, Rodrigo (Hrsg.):** *Mann-Sein. Identitätskrise und Rollenfindung des Mannes in der heutigen Zeit.* Rowohlt, Reinbek 1984
32.* **JUNG, Mathias:** *Reine Männersache.* emu, Lahnstein 1994
33.* **KEEN, Sam:** *Feuer im Bauch. Über das Mann-Sein.* Bastei Lübbe, Bergisch Gladbach 1993
34.* **Keller, Heidi (Hrsg.):** *Geschlechtsunterschiede. Psychologische und physiologische Grundlagen der Geschlechterdifferenzierung.* Beltz, Weinheim/Basel 1979
35.* **KILEY, Dan:** *Das Peter-Pan-Syndrom. Männer, die nie erwachsen werden.* Heyne, München 1989
36.* **KINGMA, Daphne Rose:** *Allein schafft ein Mann das nie. Frauen bringen Männer an ihre Gefühle.* Ludwig Verlag, München 1999
37. **KOESTLER, Arthur:** *Der Mensch: Irrläufer der Evolution.* Goldmann, München 1986
38. **KEMPERMANN, Gerd:** *Adult Neurogenesis. Stem Cells and Neuronal Developement in the Adult Brain.* Oxford University Press, 2006
39. **LANGER, Ellen J.*:** *Kluges Lernen – Sieben Kapitel über kreatives Denken und Handeln.* Rowohlt, Reinbek 2002
40. **LANGER Ellen J.*/WHITMORE, Paul/DEMAY, Douglas:** *Studie Piano-Lektion*
41. **LANGER, Ellen J.*:** *The Power of Mindful Learning.* Perseus, Cambridge 1998
42. **LEONARD, George:** *Der längere Atem. Die fünf Prinzipien für langfristigen Erfolg im Leben.* Heyne, München 2006

---

* Mehr Informationen zu Ellen J. LANGER finden Sie im Internet unter: **www.wjh.harvard.edu/~langer/**

43.* **LOHMANN, Catharina:** *Frauen lügen anders. Die Wahrheit erfolgreich den Umständen anpassen.* Fischer Taschenbuch, Frankfurt/Main 2002
44.* **MACKAY, Hugh:** *Warum hörst du mir nie zu? Zehn Regeln für eine bessere Kommunikation.* dtv, München 1997
45.* **MANFREDI, Cosima:** *Männer. Das Handbuch für Frauen. Was die denken, wie sie fühlen, wozu sie zu gebrauchen sind.* Droemer Knaur, München 2000
46. **MATURANA, Humberto R./VARELA, Francisco J.:** *Der Baum der Erkenntnis. Die biologischen Wurzeln des menschlichen Erkennens.* Goldmann, München 1990
47.* **MATUSSEK, Matthias:** *Die vaterlose Gesellschaft. Überfällige Anmerkungen zum Geschlechterkampf.* Rowohlt, Reinbek 1998
48. **MAY, Rollo:** *Mut zur Kreativität.* Junfermann, Paderborn 1987
49. **McGREGOR, Douglas:** *The Human Side of Enterprise.* McGraw Hill, New York 1960
50. **MICHALKO, Michael:** *Erfolgsgeheimnis Kreativität. Was wir von Michelangelo, Einstein & Co. lernen können.* mvg, Heidelberg 2003
51.* **MITSCHERLICH, Alexander:** *Auf dem Weg zur vaterlosen Gesellschaft. Ideen zur Sozialpsychologie.* Piper, München 2002
52.* **MOELLER, Michael Lukas:** *Die Wahrheit beginnt zu zweit. Das Paar im Gespräch und Die Liebe ist das Kind der Freiheit.* (Doppelband). Rowohlt, Reinbek 2001
53.* **MOELLER, Michael Lukas:** *Worte der Liebe. Erotische Zwiegespräche.* Rowohlt, Reinbek 1998
54.* **MOIR, Anne/JESSEL, David:** *BrainSex.* Econ, München 1996
55.* **NITZSCHKE, Bernd:** *Männerängste, Männerwünsche.* Matthes & Seitz, München 1980
56.* **ONKEN, Julia:** *Spiegelbilder. Männertypen – wie Frauen sie durchschauen und sich selbst dabei erkennen.* Goldmann, München 1997
57.* **OTTEN, Dieter:** *MännerVersagen. Über das Verhältnis der Geschlechter im 21. Jahrhundert.* Bastei Lübbe, Bergisch Gladbach 2000
58. **PERKINS, Dave:** *Outsmarting IQ – The Emerging Science of Learnable Intelligence.* The Free Press, New York 1995
59. **PETERS, Tom:** *Jenseits der Hierarchien.* Econ, München 1992
60. **PETERS, Tom:** *Kreatives Chaos.* Hoffmann und Campe, Hamburg 1988
61. **PETERS, Tom/AUSTIN, Nancy:** *Leistung aus Leidenschaft. Über Management und Führung.* Hoffmann und Campe, Hamburg 1993
62. **PINKER, Steve:** *Der Sprachinstinkt. Wie der Geist die Sprache bildet.* Kindler, München 1996
63.* **POOL, Robert:** *Evas Rippe. Das Ende des Mythos vom starken und schwachen Geschlecht.* Droemer Knaur 1995
64. **POSTMAN, Neil:** *Keine Götter mehr. Das Ende der Erziehung.* dtv, München 1997
65. **RHINEHART, Luke:** *The Diceman.* Overlook TP, New York 1998

66.* **ROGGENDORF, Gisela:** *Denkformen von Mann und Frau.* VR, Bielefeld 1992
67.* **ROHRMANN, Tim:** *Junge, Junge – Mann o Mann. Die Entwicklung zur Männlichkeit.* Rowohlt, Reinbek 1994
68.* **ROSS, John Munder:** *Das männliche Paradox. Die zentralen Konflikte im Leben eines Mannes und welche Rolle die Frauen dabei spielen.* Droemer Knaur, München 1996
69.* **RUBNER, Jeanne:** *Was Frauen und Männer so im Kopf haben.* dtv, München 1999
70. **SCHACTER, Daniel:** *Wir sind Erinnerung – Gedächtnis und Persönlichkeit.* Rowohlt Verlag, Reinbek 2001
71.* **SCHIEBINGER, Londa:** *Frauen forschen anders. Wie weiblich ist die Wissenschaft?* C.H. Beck, München 2000
72.* **SCHWANITZ, Dietrich:** *Männer. Eine Spezies wird besichtigt.* Goldmann, München 2003
73. **SELIGMAN, Martin E. P.:** *Der Glücks-Faktor. Warum Optimisten länger leben.* Lübbe, Bergisch Gladbach 2005
74. **SELIGMAN, Martin E. P.:** *Erlernte Hilflosigkeit.* Beltz, Weinheim/Basel 2000
75. **SELIGMAN, Martin E. P.:** *Pessimisten küsst man nicht. Optimismus kann man lernen.* Droemer Knaur, München 2001
76.* **SHAPIRO, Joan:** *Männer sind wie fremde Länder.* Fischer, Frankfurt/Main 2001
77.* **SNYDER, Chuck:** *Typisch Mann. Ein Buch für Frauen, die das unbekannte Wesen an ihrer Seite verstehen wollen.* Gerth Medien, Asslar 2003
78.* **STEINBRECHER, Sigrid:** *Funkstille in der Liebe. Warum Männer und Frauen aneinander vorbeilieben.* Heyne, München 1995
79.* **TANNEN, Deborah:** *Das hab' ich nicht gesagt! Kommunikationsprobleme im Alltag.* Goldmann, München 1999
80.* **TANNEN, Deborah:** *Du kannst mich einfach nicht verstehen. Warum Männer und Frauen aneinander vorbeireden.* Goldmann, München 2004
81.* **TIGER, Lionel:** *Auslaufmodell Mann.* Deuticke, Wien/München 2000
82. **WATZLAWICK, Paul/BEAVIN, Janet H./JACKSON, Don D.:** *Menschliche Kommunikation – Formen, Störungen, Paradoxien.* Verlag Hans Huber, Bern, 11. Auflage 2007
83.* **WEINER-DAVIS, Michele:** *Jetzt ändere ich meinen Mann. Wie Sie ihn einfach umkrempeln, ohne dass er es merkt.* Piper, München 2003
84.* **WICKLER, Wolfgang/SEIBT, Uta:** *Männlich, Weiblich. Ein Naturgesetz und seine Folgen.* Spektrum Verlag, Heidelberg/Berlin 1998
85.* **WIECK, Wilfried:** *Was Männer nur Männern sagen – und was Frauen trotzdem wissen sollten.* Kreuz, Stuttgart 1999
86.* **WILLI, Jürg:** *Was hält Paare zusammen? Der Prozess des Zusammenlebens in psychoökologischer Sicht.* Rowohlt, Reinbek 1997
87.* **ZILBERGELD, B.:** *Männliche Sexualität. Was (nicht) alle schon immer über Männer wußten.* DGVT-Verlag, 2000

Weitere Werke von Vera F. BIRKENBIHL, die ebenfalls von Interesse für Sie sein könnten

 Bücher

1. *Birkenbihl on Service.* Econ, Berlin 2005
2. *Das Birkenbihl Alpha-Buch.* mvg, Heidelberg, 3. Auflage 2001
3. *Eltern-Nachhilfe.* Ariston, Kreuzlingen/München, 2. Auflage 2007
4. *Fragetechnik schnell trainiert.* mvg, Heidelberg, 15. Auflage 2006
5. *Intelligente Rätsel-Spiele.* Goldmann, München 2003
6. *Intelligente Wissens-Spiele.* GABAL, Offenbach 2003
7. *Jungen und Mädchen: wie sie lernen.* Droemer Knaur, München, 3. Auflage 2006
8. *Mehr intelligente Kopf-Spiele.* GABAL, Offenbach 2004
9. *Psycho-Logisch richtig verhandeln.* mvg, Heidelberg, 16. Auflage 2006
10. *Sprachenlernen leicht gemacht!* mvg, Heidelberg, 31. Auflage 2006
11. *Stroh im Kopf?* mvg, Heidelberg ,46. Auflage 2006
12. *Trotzdem LEHREN* (Haupttext). mvg, Heidelberg, 3. Auflage 2007
13. *Trotzdem LERNEN* (für Lesenunwillige – Teilmenge von 12.). mvg, Heidelberg, 3. Auflage 2007
14. *Von Null Ahnung zu etwas Chinesisch.* mvg, Heidelberg 2007

 DVD-Live-Mitschnitte/-Seminare
(erhältlich im Insider-Shop – www.birkenbihl.de)

1. *Frage-Technik.* Breuer & Wardin Verlagskontor, Bergisch Gladbach
2. *Genial lernen/lehren.* (Doppel-DVD). Best Entertainment, Heusenstamm 2006
3. *Genialitäts-Training mit ABC-Technik.* Walhalla, Regensburg
4. *Männer/Frauen – mehr als der kleine Unterschied.* Best Entertainment, Heusenstamm 2006
5. *Männer/Frauen, Jungen + Mädchen – wie sie lernen.*
6. *Persönliches Wissens-Management.* Best Entertainment, Heusenstamm 2006
7. *Sprachen lernen leicht gemacht.* Best Entertainment, Heusenstamm 2006
8. *Viren des Geistes.* Best Entertainment, Heusenstamm 2006
9. *Von nix kommt nix.* Breuer & Wardin Verlagskontor, Bergisch Gladbach 2007
10. *Von Null Ahnung zu etwas Chinesisch.* Walhalla, Regensburg 2006

Stichwortverzeichnis

A
ABC(-)
 zu Wissensgebieten 58
 -Liste 27, 30, 58, 93, 97f.,
  102f., 132, 148f. 152f.
Ablehnung 18
AGS-Mädchen 115
AIS-Frau 115
Aktiv-ABC 149
Altenpflegerin, GRID einer 108f.
altersmäßige Auslese von
 Kindern 65f.
Anlagen
 angeborene 7
 erworbene 7
Architektur des Gehirns 115
ASIMOV, Isaac 24
ASPERGER, Hans 124
Asperger-Syndrom 125ff.
 Merkmal Spezialinteressen 129f.
 Merkmal ungewöhnliche soziale
  Interaktion 127ff.
 Merkmal ungewöhnliche
  Wahrnehmungsverarbeitung
  126f.
ASPIE(S)
 Erklärung 121ff.
 Selbst-CHECK 47ff.
Assoziationen 51, 58, 78, 93,
 99, 139f.
assoziatives Denken 96ff.
AUS-länder 20
AUTISMUS 121ff.
 milder 124

B
BARON-COHEN, Simon 121ff.
BATESON, Gregory 33, 36
BEETHOVEN, Ludwig van 88
Berufs-Prognose 155f.
Bewußtseins-Prozeß 59f.
BEZIEHUNGs-Ebene 34f., 39, 61

Bildung(s-)
 Einstellung zur 21
 -Feindlichkeit 11
bildungs-FERNE Familien 19ff.,
 70, 79
bildungs-FERNES Milieu 142
BINET, Alfred 66f.
BISOZIATION 99ff.
BLAKE, Robert R. 43, 45, 110
BUZAN, Tony 92

C
CASTANEDA, Carlos 18
Chorsprechen 149
COLAPINTO, John 163

D
da VINCI, Leonardo 25f.
DEFAULT-Wert 114
Denken, assoziatives 96ff.
Denk-Regeln durchbrechen 89ff.
DIAMOND, Milton 162
Disposition, genetische 111
Distanz, sozio-ökonomische 21, 70
Disziplin 90, 142
DOMAN, Glen 66, 69f.

E
E.Q. 34
EGLI, René 11
EIBL-EIBESFELD, Irenäus 91
EIGEN-BEURTEILUNG 30f.
eigenes Verhalten, Wahrnehmung 38
EMPATHISIERENDES Denken 122f.
Ent-DECK-ungen 64
ENT-WICKLUNG 15f.
Erfahrung und Wissen 76ff.
Er-Folg 11ff.
 als Prozess 13
 kumulativer 13f.
erlernte Hilflosigkeit 84
Ernte 11

Erziehung 15, 47
 Absurdität 19
EULENSPIEGEL, Till 86

F
Fährtenleser 16
Familien, bildungs-FERNE 19ff.,
 70, 79
Feinmotorik 112
Frage(-)
 als Denkinstrument 131
 -Rätsel 38
FREMD-
 -BEURTEILUNG 30f.
 -Einschätzung 44
FREUDE-Hormone 140, 144, 147
Frontalunterricht 139

G
GATES, Bill 25
GATTO, John Taylor 134
Gehirnarchitektur 115
gehirn-gerechtes Vorgehen
 Erklärung 131ff.
 Selbst-CHECK 50ff.
geistige Gewohnheit 59
geistiger Horizont, Erweiterung 27
genetisch bedingte Unterschiede zwi-
 schen Jungen und Mädchen 111ff.
genetische Disposition 111
genetisches Geschlecht 114
Genies (Kreative) 25f.
Geschwindigkeit, neuronale 72ff.
Gesprächs-Strategie 37
Giga-Wolke 102
GOGH, Vincent van 88
GRAY, John 119
GRID-CHECK
 Erklärung 108f.
 Selbst-CHECK 43f.
Grobmotorik 112

Anhang 173

H
Handarbeit 29
Hausaltar 18
HEINLEIN, Robert H. 26ff.
 Aufzählung 28
Hilflosigkeit, erlernte 84
Hof, semantischer 121

I
I.Q.-Tests 66f., 71
Ideenwolke 96
Industrie-Zeitalter 141
Info-Aufnahme optimieren 143, 149f.
Info-Zeitalter 141
INHALTs-Ebene 34f., 39, 61
IN-länder 20
Intelligenz (nach Dave PERKINS) 72ff.
INTELLIGENZ + KREATIVITÄT
 Erklärung 65ff.
 Selbst-CHECK 41f.
Intelligenz 65ff.
 reflexive 79ff.
 WQS 42

J
Jobs, verlorene 157ff.

K
Kaffeekochen 32, 53f.
KaWa 91f., 96ff., 102f., 153f.
KEMPERMANN, Gerd 145
Kenntnisse einschätzen lernen 32
Kinder, altersmäßige Auslese 65f.
KOESTLER, ARTHUR 99, 101f.
KOMMUNIKATION(s-)
 -CHECK 108
 Denk-Modell 33, 119
 -Ebenen 33ff.
 Erklärung 61ff.
 Selbst-CHECK 39ff.
 Einführung 33ff.
 -stärken 39ff., 61ff.
Kompetenz, soziale 34

Kompetenzen einschätzen lernen 32
konvex-konkave-Kreativität 87
Kreative (Genies) 25f.
Kreativität 84ff., 101
 bei Erwachsenen 85ff.
 kindliche 84f., 89
Kreativität^1 96, 99
Kreativität^2 99ff.
Kreuzworträtsel-Effekt 91, 93
Kultur(-)
 bildungs-FREUNDLICHE 21
 Einfluß 16ff., 22
 Einsicht in 21
 -schock 17

L
Lebens-ERFAHRUNG 89
lebenslanges Lernen 23, 84, 94, 131, 143
Lehrer-Pilot-Gruppe 84, 140
Leistungsträger 22
Leonardo-Skizzen 25
LERNBARE INTELLIGENZ 78, 84
Lernbehinderte 112
Lernen
 Tätigkeiten 12
 Wissen 12
Lern-
 -fähigkeit 82
 -kurven 12
 -phasen, Reihenfolge 66
 -Verbot 149
Lesen 69ff.
 regelmäßiges 11f.
Lese-Programm 11, 143, 150
Limitation 90ff.
LOFTUS, Elisabeth 92
LOFTUS-Effekt 92
Lückentexte 148

M
m oder mm
 Erklärung 105ff.
 Selbst-CHECK 42f.

Management-GRID 43
 männlich/weiblich
 Erklärung 111ff.
 Selbst-CHECK 46f.
Matcher 105f.
MAY, Rollo 90
McGREGOR, Douglas 45, 110
McGREGORs X/Y
 Erklärung 110
 Selbst-CHECK 45f.
Medizin-Studium 155f.
Merkblätter 9, 152ff.
META-Ebene 36ff., 61
milder Autismus 124
Milieu, bildungsfernes 142
Mind-Map 92
Mismatcher 105ff.
mm-Typ 42f.
MONEY, John 161ff.
MONTESSORI, Maria 66ff.
MONTESSORI-System 68
MORSE, Samuel F. B. 99f.
MOUTON, Jane Stygley 43, 45, 110
m-Typ 42f.
Mücken-Schwarm 94ff.
MÜLLER, Colin 47, 125

N
Nachhilfeunterricht 82f.
Neu-Anfang 13
neue Wissensgebiete erforschen 29
Neues, sich einlassen auf 26
Neurogenese 143ff.
 adulte 145f.
 Techniken zum Ankurbeln 148 ff.
neuronal Langsame
 Neues lernen 73ff.
 Umgang mit Bekanntem 73ff.
neuronale Geschwindigkeit 72ff.
Neuronen 145
NICHT-LERN LERN-STRATEGIEN (NLLS) 137
Novizen 146f.

Anhang 175

O
Originalität 85ff.

P
Partner-Einschätzung, gegenseitige 31
Pauken vermeiden 143, 148f.
PEERS 19
PERKINS, Dave 72ff., 93, 138
PERKINS 1 72ff.
PERKINS 2 76ff., 100f.
PERKINS 3 79ff., 146
PETERS, Tom
PISPERS, Volker 101
PLANCK, Max 145
POOL, Robert 114
POSTMAN, Neil 131
POTENZ 14
POTENZ-ial 14ff., 104
 erkunden 30ff.
 erwecken 16f.
Prinz Umwelt 16
Programm der kleinen Schritte 14
Programmierer, GRID eines 109
Protokoll 149

R
reflexive Intelligenz 79ff.
Regeln 86
 brechen 87
REICHEN-Methode 70
REIMER, David 162
Rhetorik 139
RHINEHART, Luke 20
RUSSEL, Bertrand 36

S
Savants 123f.
Schule, autobiographische Notizen 131ff.
Schulschwänzer 132
Schwächen 32, 55ff.
Science-Fiction 24f., 150

Selbst-
 -Einschätzung 44
 -Inventur 8, 30f.
Selbstwertgefühl 27
SELIGMAN, Martin 84
semantischer Hof 121
Sitzenbleiben 131f.
SOKRATES 31, 53
SOKRATES-CHECK 39, 41, 58f.
 Selbst-CHECK 31f.
 Erklärung 53ff.
soziale Kompetenz 34
sozio-ökonomische Distanz 21, 70
Spielregeln
 offizielle 36
 unausgesprochene 36
Sprachen lernen 74, 81ff., 131, 140, 143, 150
Sprachfähigkeit 67
Stäbchen, essen mit 55
Stadt-Land-Fluß-
 -Spiel 32, 92, 97f., 152
 Effekt 32, 152
Stärken 8, 32
 ausbauen 55ff.
 zukünftige 56
strategische Ebene 37
Sub-Gruppen 86
Sub-Kultur 19ff.
 autobiographische Notizen 23ff.
Sufi-Story von den Fischen 17, 19
SYSTEMATISIERENDES Denken 122f.

T
Tagebuch 39f., 62ff.
Talente, angeborene 38
Tanzen lernen 80
Tätigkeiten-ABC 58
Telegrafie 100
Tempeltänzer, balinesische 16
Testosteron 115f.

Themen erobern 143, 148
Theorie X 45
Theorie Y 45
Training 12, 38, 61, 78f., 84, 97, 139, 158

U
Üben, regelmäßiges 78, 80, 82, 96, 147
Umwelt 16, 9
Unterschiede Jungen/Mädchen, genetisch bedingte 111ff.
Unterschiede Mann/Frau
 HANDELN und/oder DENKEN 120
 PROBLEME und FRAGEN 119f.
 SEHEN und HÖREN 118f.

V
Verunsicherung 18
Vorbilder 11, 142
VOR-LESUNG 149

W
Wahl der Strategie/Methoden 79ff.
WATZLAWICK, Paul 33
Welt als Spiegel 62ff.
Wissens-
 -Alphabet 27
 -Netz 76, 93
 -Zeitalter 141

Y
Y CAJAL, Ramón 145

Z
ZASTROW, Volker 164
Zitate-Technik 94
Zukunftstauglichkeit 141ff.

Bibliografische Information der Deutschen Nationalbibliothek
Die Deutsche Nationalbibliothek verzeichnet diese Publikation in der Deutschen Nationalbibliografie; detaillierte bibliografische Daten sind im Internet über http://dnb.d-nb.de abrufbar.

© 2007 Knaur Ratgeber Verlag
Ein Unternehmen der Droemerschen Verlagsanstalt Th. Knaur Nachf. GmbH & Co. KG, München
Alle Rechte vorbehalten.

Das Werk einschließlich aller seiner Teile ist urheberrechtlich geschützt.
Jede Verwertung außerhalb des Urhebergesetzes ist ohne Zustimmung des Verlages unzulässig und strafbar. Das gilt insbesondere für Vervielfältigungen, Übersetzungen, Mikroverfilmungen und die Einspeicherung und Verarbeitung in elektronischen Systemen.

Es ist deshalb nicht gestattet, Abbildungen dieses Buches zu scannen, in PCs oder auf CDs zu speichern oder in Computern zu verändern oder einzeln oder zusammen mit anderen Bildvorlagen zu manipulieren, es sei denn mit schriftlicher Genehmigung des Verlages.
Bei der Anwendung in Beratungsgesprächen, im Unterricht und in Kursen ist auf dieses Buch hinzuweisen.

Wichtiger Hinweis
Die im Buch veröffentlichten Ratschläge wurden von Verfasserin und Verlag mit größter Sorgfalt erarbeitet und geprüft. Eine Garantie kann jedoch nicht übernommen werden. Ebenso ist eine Haftung der Verfasserin bzw. des Verlages und seiner Beauftragten für Personen-, Sach- oder Vermögensschäden ausgeschlossen.
Auf Wunsch der Autorin erscheint der vorliegende Text in der alten Rechtschreibung.

Projektleitung: Caroline Colsman
Redaktion: Andreas Kobschätzky, Landsberg
Illustrationen: Vera F. Birkenbihl
Reproduktion und Satz: JUNFERMANN Druck & Service, Paderborn
Druck und Bindung: Ebner & Spiegel, Ulm
Printed in Germany

S. 153 (unten) – 154 stammt aus: Birkenbihl, Vera F.: Trotzdem LEHREN
© 2007 by mvg Verlag REDLINE GmbH, Heidelberg.
Ein Unternehmen von Süddeutscher Verlag/Mediengruppe, www.mvg-verlag.de.
Mit freundlicher Genehmigung des Verlages.

ISBN 978-3-426-64416-4

5 4 3 2 1

Bitte besuchen Sie uns auch im Internet unter der Adresse: www.knaur-ratgeber.de